लघु कथा काव्य

मनीष प्रकाश जैन

BlueRose ONE.com
Stories Matter
NewDelhi • London

BLUEROSE PUBLISHERS
India | U.K.

Copyright © Manish Prakash Jain 2023

All rights reserved by author and wife Archana Jain. No part of this publication may be reproduced, stored in a retrieval system or transmitted in any form or by any means, electronic, mechanical, photocopying, recording or otherwise, without the prior permission of the author's wife Archana Jain. Although every precaution has been taken to verify the accuracy of the information contained herein, the publisher assume no responsibility for any errors or omissions. No liability is assumed for damages that may result from the use of information contained within.

BlueRose Publishers takes no responsibility for any damages, losses, or liabilities that may arise from the use or misuse of the information, products, or services provided in this publication.

BlueRose ONE.com
Stories Matter
NewDelhi • London

For permissions requests or inquiries regarding this publication, please contact:

BLUEROSE PUBLISHERS
www.BlueRoseONE.com
info@bluerosepublishers.com
+91 8882 898 898
+4407342408967

ISBN: 978-93-5819-291-9

Cover design: [Archana Jain]
Typesetting: [Archana Jain]

First Edition: 18th August 2023

Foreword

Life's a busy rush for all of us. We're always moving from one thing to the next and we hardly stop to just take it all in. We tend to focus on occasions - the trips, the parties; But what about what goes on in our day-to-day life? Often, that slips by. It's funny when you think about it since that's what makes up most of our lives.

Papa had a special way of seeing the beauty in these ordinary things: trips to the car mechanic, chats with a jeweller, the time someone helped us out at home, or even getting new mattresses. Papa turned these moments into poems. It was as if he was telling us, "Hold on. Take a moment. Enjoy this."

One poem that we really love, talks about memories that we cherish. Back when we were in school, every Sunday morning we'd gather around to watch TV. Rohit, the oldest among us, would wake up very early (begrudgingly) with Papa. They'd ride together to our favourite tiffin spot on our scooter to get some breakfast packed (without exaggeration, Mysore Bajjis are a true love of ours). Meanwhile, the rest of us would freshen up, eagerly awaiting the arrival of the bajjis. We'd then devour them while watching episodes of classic 80s Hindi TV shows. Our favourite was "Vikram Aur Betaal", an absolute gem.

Papa wasn't into traveling, eating out or anything which disturbs his daily schedule (early to bed and early to rise). He was happy just being at home, enjoying the quiet life. We won't lie - it did bother us a bit. We wanted to travel with him, eat out with him, chill at resorts with him. But he just wasn't into all that. Over time, we started to understand, though we never fully accepted, the kind of life he wanted to live.

Perhaps his way of life pushed him towards excellence in a lot of things. His grasp on English and Hindi was simply brilliant. He was amazing at Math, especially geometry, where he could visualize problems intuitively. He was too good at carrom, bridge, chess, table tennis and badminton, and was even a champion back in his IIT days. But when it comes down to it, what we remember most is a clown. His ridiculous sound bites, his nonsensical humour, his loud and coarse laugh, his crazy faces and his energetic dances - these are the memories we hold closest. We love him, and we miss him so much.

Rohit, Abhay, Adithya

प्रस्तावना

मनीष जी का जन्म १८ अगस्त १९६६ को महाराष्ट्र के मुंबई शहर में हुआ था। उनके पिताजी स्व. ओम प्रकाश जैन चार्टर्ड अकाउंटेंट थे और माताजी स्व. गीता जैन स्कूल में अध्यापिका थीं। बचपन में वे एक नटखट, ऊर्जावान और बहुत ही तेजस्वी बालक थे जो अपने शरारती स्वभाव और भोलेपन से हमेशा सबका हृदय जीत लेते थे। उन्होंने अपने बचपन के समय में ही अद्वितीय जिज्ञासा और विद्या के प्रति अपनी अद्भुत रुचि का परिचय दिया।

उन्होंने अपनी प्रारंभिक शिक्षा मयो कॉलेज अजमेर से उतीर्ण की। इंजीनियरिंग की डिग्री आईआईटी दिल्ली कंप्यूटर साइंस (१९८४ से १९८८) और एमबीए की डिग्री आईआईएम बैंगलोर (१९८८ से १९९०) से प्राप्त की। युवा अवस्था में उन्होंने एक आदर्श व्यक्ति के रूप में अपना जीवन सच्चाई, ईमानदारी, उत्तम व्यवहार, और समझदारी से व्यतीत किया। वह अपने अध्ययन में सफलता पाने के लिए सदैव तत्पर रहे और साथ ही खेल-कूद और सामाजिक कार्यों में भी अपना योगदान देते रहे।

मेरे माता-पिता स्व. शकुंतला गोयल और स्व. मोती लाल गोयल, एवं मनीष जी के माता-पिता स्व. गीता जैन और स्व. ओम प्रकाश जैन के आशीर्वाद से हम ६ नवंबर १९९२ को विवाह के पवित्र बंधन में बँधे थे। हमने रोहित, अभय और आदित्य, हमारे बेटों के साथ मिलकर ये तीस साल का अद्भुत समय आनंदपूर्वक व्यतीत किया है जो हमारे जीवन की रमणीय और गरिमामय यात्रा रही है। उन्होंने बच्चों के अध्ययन के लिए घर का माहौल सदा सुखद और शांतिपूर्ण रखा जिसके कारण तीनों बच्चों ने कंप्यूटर साइंस की डिग्री प्राप्त की। सभी बच्चों में अपने पिता का खुशमिजाज स्वभाव, उनकी सादगी और ईमानदारी दिखाई पड़ती है। रोहित व

हर्षा के विवाह के उपरांत हमें बहु के रूप में एक संस्कारी बेटी मिली। उसकी समझदारी और विनम्रता ने हमें बहुत प्रभावित किया।

आध्यात्मिक साहित्य से लेकर भारतीय राजनीति और इतिहास, चिंतनशील विषयों से लेकर आत्मकथा और जीवनी तक, वे हर तरह की पुस्तकों का अध्ययन करते थे। अपने मित्रों के साथ इन विषयों पर बातचीत करते चाहे घर पर हो या फिर फ़ोन पर। ऐसा एक भी दिन मुझे याद नहीं आता जब उन्होंने कुछ पढ़ा ना हो। उनके मित्र उन पलों का आनंद लेते, जानते हुए कि उनके विचार और व्याख्यान ज्ञान का एक अमूल्य खजाना हैं।

"लघु कथा-काव्य" उनके द्वारा लिखी पहली पुस्तक है जिसमें जीवन के अनुभवों से प्रेरित कविताओं का संग्रह है। वे अपने आस पास काम करने वालों को भली भाँति समझते और उनकी मदद भी करते। हसन – जेवर का कारीगर, बाज़ीगर की कला, गुड़िया वाले, नौकरानी, गद्दे की दुकान, एक फ्लॅट आदि कविताएँ दिल को छू जाती हैं।

“अकेला या अपना” और “डर” उनकी बचपन की यादों से जुड़ी हैं जिनका उनके चरित्र पर गहरा प्रभाव पड़ा। “टीले की चढ़ाई” सन् १९९२ की एक घटना पर आधारित है जब हम विवाह के उपरांत माउंट आबू घूमने गये थे। “रिक्शे वाला” सन् २००५ में जब हम श्रीनगर कॉलोनी (हैदराबाद) से सिकंदराबाद जा रहे थे नया स्कूटर लेने। “नौकरानी” सन् २०१९ में हमारी कामवली पर आधारित है। “प्यास” सन् १९८८-१९९०   में बैंगलोर से दिल्ली आते समय के बारे में है। आँगन में जब आम, नीम, अनार, आमले के पत्ते बार बार गिरते तो “साफ़ सफ़ाई” कथा जन्मी! उनकी रचनात्मकता और सहानुभूति से भरी कविताएं सबका दिल छू लेती हैं।

हैदराबाद में मैसूर भज्जी और टिफ़िन की याद दिलाती है "वो रविवार" जब रोहित और मनीष जी मैसूर भज्जी, वड़ा इत्यादि लेकर आते थे और हम सब मज़े से खाते थे। "बेलदार और मिस्त्री" की कथा २०१६ से जुड़ी है जब हमारे घर में नई हौदी बन रही थी। "माचिस की लौ" उनकी एक नई कल्पना है। "मैय्यत" और "सर्दी" लेख सन् २०२२ हैदराबाद से दिल्ली की उड़ान में लिखीं थीं जब उनके पिताजी का देहांत हुआ था।

वे शिरडी साईं बाबा के भक्त थे। उन्होंने अपने जीवन में बाबा जी के उपदेशों का पालन करने का प्रयास किया। उन्होंने शिरडी साई बाबा के उपदेशों से जो सीखा, उसका अनुसरण किया और उसे एक पुस्तक के रूप में लिखा है जो यथा समय प्रकाशित होगी।

आशा करती हूँ कि उनकी सभी कविताएँ आप सबको पसंद आएगीं।

मैं सभी प्रिय सगे- संबंधियों और मित्रों का तहे दिल से धन्यवाद करती हूँ जिन्होंने अपनी अद्भुत यादें और मनीष जी के साथ बिताए गए समय को साझा किया है।

श्रीमती अर्चना जैन

आभार

पुस्तक के पूरे होने पर, मैं अपनी आभारी भावनाओं को अभिव्यक्त करना चाहता हूँ उन सभी प्रिय जनों के प्रति जिन्होंने इस प्रकरण में मेरा साथ दिया। आपका प्यार और समर्थन मेरे शब्दों को नए आकार और मायने देने में सहायक रहे हैं।

मैं आभार व्यक्त करता हूँ अपनी प्रिय पत्नी अर्चना और अपने तीनों बच्चों का जिनकी महत्वपूर्ण सलाह, सुझाव, और प्रतिक्रियाएं मेरे लेखन को एक नई दिशा में ले जाने में महत्वपूर्ण भूमिका निभाती हैं। यह पुस्तक मेरे जीवन की यात्रा में आपका संविदानिक सहयोग है, जिसने मेरी प्रेरणा को और भी उत्साहित किया है।

मैं आभार व्यक्त करता हूँ अपने माता पिता और भाइयों का जिनकी अद्भुत प्रतिक्रियाएँ और आशीर्वाद सदैव मेरे लिखने की उत्तरोत्तर गति को प्रेरित करती रही हैं। आगे बढ़ने के लिए आपका साथ एक महत्वपूर्ण स्रोत रहा है, और मैं गर्व से आपका धन्यवाद करता हूँ।

यह कविताओं का पहला संग्रह साई के चरणों में अर्पित है। यह कुछ पंक्तियाँ शिरडी साई के नाम लिखी हैं। इन्हें अगली किताब में सम्मलित करना था लेकिन कुछ गुरु भाइयों के आग्रह से इन्हें इस किताब में भी शामिल कर रहे हैं।

अच्छाई जैसी सोच नहीं,
विश्वास जैसा भाव नहीं,
धीरज जैसी शक्ति नहीं,
शुक्रिया जैसा जवाब नहीं,
संतोष जैसा धन नहीं,
कर्तव्य जैसा कर्म नहीं,
सच्चाई जैसी खोज नहीं,
धर्म जैसा रक्षक नहीं और
साईं जैसा दयालु नहीं।
जय साईं राम।

मोहब्बत में पागल हूँ, हूँ मैं दीवाना,
इस ज़माने में, हूँ मैं बेगाना,
तेरी रूह-ए-शमा का, हूँ मैं परवाना,
तेरी एक ही नज़र का, हूँ मैं नज़राना,
इश्क में फ़ना होऊं मैं, फ़ना-अल-फ़ना।
जय साईं राम।

साईंनाथ महाराज अथाह समंदर हैं,
फकीरों, पीरों के भी मस्त कलंदर हैं,
सुनो सभी जती, सती, साधु व संत,

भगवान दत्तात्रेय हैं, लीला की अनंत,
अनंत कोटि ब्रह्मांड के हैं वो नायक,
शिष्य कौन बने? कोई नहीं है लायक,
दारुण कलियुग, एक ही उपाय अपनाना,
कैसे भी करके, भक्ति साईं की पाना,
बस, भक्ति साईं की पाना।
जय साईं राम।

सुन ले साईं अरज मेरी, मेरी सुनता कोई नहीं,
तेरी ही मरजी चलती है, दोनों जहान में सही,
मेरी गरीबी पर ध्यान दे, अपना गरीब बना लेना,
गरीब अपना बना ले, जनम-जनम को तार देना,
सुन ले गुजारिश मेरी, गरीब अपना बना लेना,
सुन ले ख्वाइश मेरी, गरीब अपना बना लेना,
गरीब अपना बना ले ...
जय साईं राम।

बरकतें इतनी है उसकी, की ज़ेहन में ना समाए,
रहमतें इतनी है उसकी, की गिनती ही भूल जाए,
वो जोड़-घटा गणित से नहीं, प्यार से ही देता है,
गिनता नहीं है वो कभी, हिसाब नहीं रखता है,
तू भी कोई हिसाब न रख, प्यार दे और प्यार ले,
अथाह समंदर है वो तो, क्या गहराई मापेगा?
आसमानों का भी आसमान है, क्या ऊँचाई नापेगा?
वो तो बेहिसाब में ही रहता है, बेहिसाब में ही रहता है।

साईं नाम की लूट मची है, लूट सके तो लूट,
साईं दरिया दिल भए है, मिलेगी भारी छूट,
घोर कली कहर बरपावे, साईं करुणा बरसावै,
मन बुद्धि अहं हटावे, साईं चरण चित्त लावै,
परम् दया से साईं, मन बुद्धि अहं मिटावै,
साईं चिंतन करत करत, गरीबा अमृत पावै,
खुद अमृत पीवे गरीबा, औरन को भी पिलावै,
साईं नाम की लूट मची है, लूट सके तो लूट,
मानुज जनम अमोलक है, जाए ना मौका छूट|
जय साईं राम।

बुत की पूजा सब करै, बुतपरस्ती से क्या होए,
बुत के भीतर साईं बसे, विरला समझै सोए,
भीतर बुत के साईं भजे, दिन और रैन बितावै,
मुरशिद ने दाया कीनी, अर्जी गरीबा लगावै,
घट के बाहिर साईं आवै, भीतर घट ले जावै,
मिटावै दुःख दरद् सब साईं, प्रेम नगरी मा बसावै,
हंसी ठिठोली, आंख मिचोली, खेलन खेल खिलावै,
जीवन एक तमाशा बनकर, तमाशबीन घट रहावै,
नित तमाशा देखत् देखत्, साईं में मिल जावै,
वापिस नहीं आवै वो साधो, फिर वापिस नहीं आवै।
जय साईं राम।

हार्दिक आभार और शुभकामनाएँ,
मनीष प्रकाश जैन
(१८ अगस्त १९६६ से २४ अगस्त २०२२)

अनुक्रम

कुछ ख़्याल अपने जीवन से 1

- अकेला या अपना 3
- टीले की चढ़ाई 4
- डर 5
- सफर 6
- मदारी का खेल 7
- क्रूर शासन 9
- रिक्शे वाला 11
- बाज़ीगर की कला 13
- नौकरानी 15
- गुड़िया वाले 17
- साफ सफाई 19
- मोहब्बत 21
- प्यास 25
- महान सेनापति 27
- मैय्यत 30
- सर्दी 32
- महामारी का आगमन 34
- कानून? ज़रा सोचिए 38
- माचिस की लौ 40
- बेलदार और मिस्त्री 41

गद्दे की दुकान... 43
गहरा संबंध... 45
हसन – जेवर का कारीगर... 48
एक फ्लैट... 53
बाथरूम की सफाई.. 56
वो रविवार... 58
पेड्डी राजू मैकेनिक... 61
इंसानियत की खेती... 65
जीवन चक्र... 68
जल – जीवन की आत्मा... 70

भारतवर्ष पर..75

दिल का दर्द, ज़मीर की दवा.. 77
अपने सपनों का भारत – एक परिकल्पना......................... 81
बुरा मैं क्यों ना मानूँ... 88
तकनीकी युग बनाम लोभ-काम....................................... 95
मत कहो मुझे... 100
शुक्रिया... 103
हालात... 107
मंगल कामना १... 108
मंगल कामना २... 109

जीवन सार 111

- संतोष 113
- जागृत चेतना 114
- विश्वास 115
- कर्तव्य 117
- धीरज 118
- मानव जीवन 119
- जगा ले अपना ज़मीर 121
- साईं ज्ञान गंगा 122
- रंगरेज़ 125
- गुलामी 127
- मेरा काम 128
- मानवता का धर्म 129
- कल की याद मत कर 130
- फ़कीर की चाहत 131
- साहिब की गुलामी 133
- स्थिति और परिस्थिति 134
- गरीबी में मग्न 135
- भाव रूपी चंद्रमा 137

मनीष प्रकाश जैन

कुछ ख़्याल अपने जीवन से......

अकेला या अपना

गया था मैं बाज़ार, अपने को अकेला जानकार,
कोई दुआ सलाम नहीं, किसी ने हाल नहीं पूछा,
बस पैसे देकर, जो समान लाना था ले आया,
लौट आया मैं वापिस घर, अकेला ही मानकर,

फिर गया था मैं बाज़ार, सबको अपना मानकर,
बाहर निकलते ही, अजनबी ने पूछा, "कैसे हो?"
मैंने हतप्रभ होकर, उसके साथ दो बातें कर ली,
चलते हुए आवाज़ आई, "भाई, सब ठीक है न?"
मैंने बगैर मुड़े बोल दिया, "हाँ, तुम सब ठीक हो?"

दुकान वाले ने, प्यार से समान बांधकर दे दिया,
बोला मुझे, "बेटा, मुसकुराते हुए अच्छे लगते हो,"
पैसे लेने की जल्दी न की, संग में चाय भी पी,
लौट आया मैं वापिस, सबको अपना ही समझ।

****

टीले की चढ़ाई

टीले पर चढ़ रहा था मैं, बहुत कठिनाई से,
सोचता था, टीले पर बहुत कम चढ़ते होंगे,
रास्ता दुर्गम है, पग-पग पर गिर सकते,
नीचे गिरे हुओं के कंकाल भी नहीं दिखते,

पहले भी कोशिश कर चुका हूं, पर नाकाम,
इस बार बहुत जिद्दी था ऊपर चढ़ना ही है,
ऊपर चढ़ ही गया, देखा की कई लोग खड़े,
ऐसा लगा की, जैसे सब अपने ही तो हैं,
रिश्ता कुछ नहीं, अपनो से भी सगे दिखे,

आया एक बुज़ुर्ग, जैसे संबंध बहुत पुराना,
गले मिलकर बोला, "कितना इंतज़ार करवाया"
"कितना इंतज़ार करवाया"

****

डर

बाहर माहौल खराब था, सड़क पर नाकाबंदी थी,
रात का अंधकार, नाके पर रोशनी जल रही थी,
कोई वारदात हुई थी, अपराधी को ढूंढ रही थी,
आने जाने वालो को रोककर, जांच कर रही थी,

आगे वाला डरा हुआ, सहमते हुए चल रहा था,
नाके बंदी पर दस्ते से आंखें नहीं मिला रहा था,
पुलिस ने, संदिग्ध जान उसको रोक लिया था,
घंटों तक पूछ ताछ कर, पता लेकर छोड़ दिया,

पीछे वाले को भी डर था, मजबूत हो आगे बढ़ा,
पुलिस ने दो चार सवाल पूछे, "कहां जा रहे हो?"
"कहां से आ रहे हो? यहां पर क्या कर रहे हो?"
उसने शांति से, बगैर हिचकिचाए, जवाब दे दिये,
पुलिस ने आपस में बात कर, परिचय पत्र जांचे,
उच्च अधिकारी से बात की, और उसे जाने दिया।

****

सफर

कहीं पर जा रहा था, बस में सफर कर रहा था,
तीन घंटे बिताने थे, बाजू में बैठा पढ़ रहा था,
मैंने उससे बात करी, “भैया, कैसे हो, सब ठीक,”
उसने जवाब दिया कि, “ठीक हूं, तुम कैसे हो?,”

फिर बातें शुरू हुई, वो कुछ परिवार की बताता,
कुछ कारोबार की बताता, मैं भी बता रहा था,
राजनीति पर बातें हुई, नई पीढ़ी पर बातें हुई,
कई विषयों पर, अजनबी जैसा बिलकुल न था,

सफर करता रहता हूं, नहीं हुई पहले ऐसी बात,
सफर कैसे बीता, कब बीता, पता ही नहीं चला,
दुआ सलाम करी, पकड़ा अपना अपना रास्ता,
चलते हुए याद आया, नाम पता तो नहीं पूछा?

मन ही मन मुसकुराया, समय का ही है खेला,
अजनबी को अपना बना, पलो का साथी दिया,
कुछ समय को ही सही, अपनो को भुला दिया।

****

मदारी का खेल

मदारी गांव गांव जाता, मदारी का खेल दिखाता,
कुछ बंदर और जमूरे, उसकी पलटन, संग रहता,
रोज़ सवेरे तड़के उठकर, जमूरों को खेल सिखाता,
बंदरों को बुलाकर कलाबाज़ी का अभ्यास कराता,

एक जमूरा, अलबेला, मदारी से पहले उठ जाता,
मदारी के लिए स्टोव पर गर्म कडक चाय बनाता,
शौच, स्नान आदि पश्चात, धुले हुए कपड़े देता,
इस तरह दिन-भर जमूरा, मदारी की सेवा करता,

पड़ गई आदत, उस जमूरे पर मदारी निर्भर रहता,
उसे जमूरे से प्यार हो गया, संग अपने ही रखता,

समय गुजरता गया और मदारी बूढ़ा हो चला था,
जमूरे को रोज़ पास बैठाता, अपनी कला सिखाता,
जमूरा बहुत ध्यान से सुनता, प्रश्न पूछता रहता,
और जमूरे को ज़्यादा से ज़्यादा ज़िम्मेदारी देता,

सब कुछ सीखा दिया, मदारी उसको बना दिया,
जमूरे को पता ही न चला, कब मदारी बन गया,
पलटन सौंप कर, मदारी उसको नियुक्त किया

मुक्त मदारी याद करे, मैं भी ऐसे सीखा था,
उस्ताद की सेवा कर कर, मैं मदारी बना था,
ऐसे ही पीढ़ियों से मदारी का खेल चलता था,

पहले ये सब आम था, अब जो नहीं दिखता,
न कोई मदारी दिखता, न ही उसका जमूरा,
अजब गज़ब करतब होते हैं, नए जमाने में,
ना मदारी ना जमूरा, सब सीखे सिखाए हैं।

****

क्रूर शासन

एक समय की बात है, देश में क्रूर शासन था,
जनता करो के बोझ में दबकर कराह रही थी,
आयकर अधिकारी छः मास में कर तय करते,
कर को बढ़ाते ही रहते, कम कभी नहीं करते,

बाज़ार के व्यापारी अपनी वेश-भूषा बदल लेते,
दुकान की बिक्री कम जता, आय कम दिखाते,
कर अधिकारी के मुखबिर सच पता लगा लेते,
पकड़े जाने पर व्यापारी से जुर्माना भी भरवाते,

एक पुरानी टूटी फूटी दुकान बाज़ार में थी,
रोज़ मर्राह की ज़रूरत का समान ही रखता,
व्यापारी सादगी से रहता, दिखावा न करता,
छोटे घर में रहता, काम से मतलब रखता,
बाज़ार में चुप चाप, छिप छिपा कर रहता,

जंग का ऐलान हुआ, धन्दा चौपट हो गया,
व्यापारियों की कमाई में भारी गिरावट हुई,
किसी की दुकान बंद, तो किसी में चोरी हुई,
किसी का माल ज़ब्त, किसी का माल सड़ा,
बड़ी दुकानों पर आपात काल कर भी लागू,
दुख की खबरें, बाज़ार को गरम कर रही थी,
सभी व्यापारी परेशान, नुकसान उठा रहे थे,

वह साधारण व्यापारी, जी रहा सादा जीवन,
उसकी चेहरे पर नहीं कोई व्यथा, न शिकन,
परेशान वो भी था, आमदनी बहुत कम हुई,
ज़रूरत की चीज़ें बेचता, होती कुछ कमाई,
अच्छे समय में, वो कमाई बचा कर रखता,
अच्छी कमाई में, अपने खर्च सीमित करता,

क्रूर शासन के कारण, आय कम दिखाता था,
अधिकारी उसको मानकर, कर तय करते थे,
क्रूर शासन है भाई, क्या सही? क्या गलत?
क्या ये कर की चोरी है? ज़रा सोचिए? ...

****

रिक्शे वाला

पुरानी बात है, शहर में किसी काम को निकला,
रास्ता मुझे पता था, रिक्शा पकड़ के चल पड़ा,
चालक ने मीटर चालू किया, रिक्शे को दौड़ाया,
मंज़िल पहुंच कर उतर के, मीटर में भाड़ा देखा,
माथा ठनक गया, भाड़ा बीस फीसदी था ज़्यादा,

ज़्यादा भाड़ा देख मैं बोल पड़ा, "ये ज़्यादा क्यों?",
रिक्शे वाला अड़ के बोला, "इतना ही भाड़ा होता",
मैंने साफ साफ बोला, "कई बार आता जाता हूं",
"मालूम है, इस रास्ते पर अस्सी रुपया देता हूं",
"पंद्रह रुपए ज़्यादा लगाए, मीटर तेरा गड़बड़ है",

बात सुनकर रिक्शे वाला, एक बार चुप हुआ,
फिर बोला, "साहब, कभी बेईमानी नहीं किया?",
प्रश्न सुन गुस्सा आया, फिर खुद को संभाला,
सोचता ही रह गया मैं, जवाब नहीं बन पाया,
झेंप कर मैं बोला, "दस रुपया ऊपर से ले लो",
सौ रुपया देकर बोला, "बाकी दस रुपया दे दो,"
चालक सौ रुपए लेकर, दस रुपया लौटा दिया,

आगे से समझ गया, भाड़ा पहले तय करता हूं,
समझौता जब तक न होवे, रिक्शे में नहीं बैठूँ,
भ्रष्ट माहौल में बेईमानी सबको ही जाती है छू,
मजबूर है रिक्शे वाला तो, मजबूर तो मैं भी हूं,
जब माहौल ही ऐसा है, क्यों बहस बाज़ी करूं?

****

बाज़ीगर की कला

चार दिन के मेले में, एक बाज़ीगर रोज़ आता,
सुंदर सी मेज सजा, लोगों को आवाज़ लगाता,
एक से दो की बाज़ी लगा, ग्राहकों से खेलता,

अजब- गज़ब करतब करता, कभी सिक्कों से,
कभी रबड़ की गेंदों से, कभी ताश के पत्तों से,
हरेक करतब के बाद, ग्राहक से सवाल पूछता,
सही जो जवाब दे देता, जीत के दो रुपए देता,
गलत बताने वाले से, हार का रुपया ले लेता,

बाज़ीगर के आस पास, बच्चे इकट्ठे हो जाते,
जब भी बच्चे आते थे, उनको वो पैसे दे देता,
बच्चे खुश होकर, मेले में खेलकर खाते पीते,
बच्चे ज़्यादा न आए, बाज़ीगर हारने लगता,

बाज़ीगर की मर्जी, जब चाहे जीते या हार जाए,
दिन के अंत तक जैसे, बस खर्चा निकल जाए,
बाज़ीगर की कला को देखो, मनोरंजन ही करता,
बच्चो को खुशी दे देता, मुनाफ़ा खोरी न करता,
दिन का खर्चा निकाल कर, इसमें ही खुश रहता,

बाज़ीगर अद्भुत है, जीने की कला सिखा दी,
जीवन चाहतों का मेला, बाज़ीगर जैसे जी ले,
चार दिन का जीवन है, मिल कर बांट खा ले,
बाज़ीगर जैसे तू जी ले।

****

नौकरानी

उस आधुनिक कॉलोनी में, एक नौकरानी आती,
कई घरों में साफ-सफाई, कुछ में खाना बनाती,
साथ में पंद्रह साल की बिटिया को भी लाती,
बिटिया भी मां के काम में, पूरा हाथ बटाती,

एक मालकिन पूछ बैठी, "पढ़ती किस कक्षा में?"
नौकरानी बोली, "सरकारी स्कूल, आठवीं कक्षा में,"
मालकिन ने आगे पूछा, "बेटी कैसी है पढ़ाई में?"
मां बोली, "पढ़ाई अच्छी है, अच्छे नंबर लाती है",
"अब और पढ़ाई नहीं, जब ये काम सीख गई है",

मालकिन, "पढ़ाई का खर्चा मेरा है, ज़रा सोचना",
"प्रतिभा शाली लड़की है, भविष्य उज्ज्वल होगा",
नौकरानी, "जी मालकिन, आपको कल बताऊँगी",
अगले दिन मालकिन उत्सुक पूछे, "क्या सोचा?"
नौकरानी, "मालकिन, ये आगे पढ़ नहीं पाएगी",
मालकिन अचरच से, "क्या वजह है, बताओ?"

"पिता पास की कॉलोनी में रखवाली करते हैं",
"देख भाली के साथ, कपड़े भी इस्त्री करते हैं",
"वहीं, सीढ़ियों के साथ छोटे कमरे में रहते हैं",
"हम दोनों, और दो बच्चे, एक लड़का भी है",
"लड़का बिजली मिस्त्री के संग काम करता है",

"कुल मिलाकर बीस हज़ार तक पैसे आते है",
"कुछ पैसे, हम मासिक गांव भी भिजवाते हैं",
"कितना महंगा है, बीबी जी, शहर में रहना",
"ये भी काम करेगी, घर में और पैसे लाएगी",

"तीन चार साल में शादी कर, चली जाएगी",
"सब कुछ सीखा रही हूं, दिक्कत नहीं होगी"
"आप खर्चा भी दे दोगी, आगे पढ़ाई का क्या?"
"दसवीं या बारहवीं के करने पर नौकरी कहां?"

"बीबी जी, शुक्रिया, हमारी ज़िंदगी ही ऐसी है",
"कब तक ऐसे काम करेंगे, पचास तक बस है",
"फिर क्या करेंगे? कहां रहेंगे? सोचते ही नहीं",
"शायद गांव चले जाएंगे, शायद यही रह जाएं"।

****

गुड़िया वाले

एक झुग्गी झोंपड़ी बस्ती में, परिवार रहता,
उस बस्ती में लगभग डेढ़ हज़ार झोंपड़ियां,
कुछ कच्ची तो कुछ ईंट छप्पर से बनी हुई,
यह परिवार एक ईंट-छप्पर के घर में रहता,
इस परिवार का जीवन अलग और खास है,

हर हफ्ते, सब घरों से, पुराने कपड़े ले आते,
उन कपड़ों से रात में सुंदर गुड़ियों को बनाते,
नवजात, पढ़ने वाली, शादी की, घर में बसी,
डॉक्टर, पुलिस, वकील, बाबू और अधिकारी,
साइकिल, स्कूटर, ऑटो, मोटर गाड़ी आदि,
ऐसे ही तरह- तरह की भिन्न गुड़िया बनाते,

इन सुंदर गुड़ियों को अपनी बस्ती में बेचते,
गुड़ियों के दाम २५, ४०, ६०, १०० तक होते,
अच्छी सस्ती गुड़ियों से बस्ती वाले खुश थे,

गुड़िया बनाते, बस्ती में बेचते, वे ऐसे ही जीते,
बस्ती वाले, परिवार को जानने पहचानने लगे,
कैसे जीते सिर्फ गुड़िया बनाकर, है अचरच ये,
अपने पन और मेल जोल की खास कहानी ये,

हफ्ते-के- हफ्ते जो भी गुड़िया बिक नहीं पाती,
बस्ती के बच्चो में इनको क्रम से बांटी जाती,
बच्चे, उनके माता पिता, उपहार से खुश होते,
बस्ती वाले, इस परिवार की सदा मदद करते,
कोई कुछ राशन, कोई कपड़े, कोई दवाई देते,
दुकानें भी, पैसे के एवज़ में, गुड़िया ले लेते,

कैसी अद्भुत कथा है, गुड़िया वाले परिवार की,
अपने पन और मेल जोल संग साथ जीने की,
किसे मालूम किस कोने में प्रतिभा जग जाए?
बस्ती में रहने के लिए एक मिसाल बन जाए।

****

साफ सफाई

रोज़ सुबह, आंगन की सफाई व पानी छिड़कता हूं,
घर की दहलीज़ और आंगन को स्वच्छ करता हूं,
मान्यता है, ऐसा करने से घर में शुभता आती है,
ऐसा मानकर, शुद्ध भावना से रोजाना करता हूं।

एक रोज़ देखा कुछ नया नया, सफाई करते करते,
सफाई की हुई जगह पर, कुछ पत्ते झड़कर गिरते,
देखकर सोचा, "अरे यह क्या, फिर से साफ करूं?"
प्रकृति का नियम समझकर, कल ही साफ करूं!
एक बार सब साफ नहीं होता, रोजाना है ज़रूरी,

समझ गया, सफाई के बाद गंदगी आती रहती है,
क्या रोजाना ऐसे मन को स्वच्छ नहीं करना है?
घर में शुभता आए, मन में भी शुभता आ जाए,

जो कुछ अच्छा हुआ है, उसका शुक्रिया कर देना,
जो कुछ बुरा हो जाता है, उसको सहन कर लेना,
जिसने तुझको दुख दिया है, उसे माफ कर देना,
जिसको तूने दुख दिया है, उस से माफी मांगना,

अहं, क्रोध, लालच से बचने का प्रयास कर लेना,
गलत विचारों के लिए, अंदर से माफी मांगना,
कमजोरियों के लिए, भीतर से शक्ति मांग लेना,
मन को रोजाना साफ कर, मन सुंदर बना लेना,
स्वयं को जगा रे मानव, मन को शुद्ध कर ले।

******

मोहब्बत

दो परिवार, अलग जाति व धर्म, कस्बे में रहते,
पीढ़ियों से मेल जोल बना था, ऐसा लोग कहते,
कुछ साल पहले, किसी की बुरी नज़र लग गई,
ईर्ष्यालु रिश्तेदारों ने फूट डालने की साजिश रची,

हत्या को अंजाम देकर, एक परिवार दोषी जताया,
दारोगा को रिश्वत देकर, जुर्म साबित करवा दिया,
बरसों के प्यार को पलो में नफरत में बदल दिया,
साजिश सफल हुई, परिवारों को अलग कर दिया,

दोषी जेल में सज़ा काटता, दिन और रात बिताता
जेल में एक कैदी को अपनी कथा को जा बताता,
कैदी तुरंत बोलता है, ये उस दारोगा की चाल है,
पहले भी वो ऐसी साज़िशों को अंजाम दे चुका है,
कैदी ने उसको बताया, उसकी कमजोरी जानता हूं,
मेरी कीमत मुझे दे दो, तुझको कमजोरी बता दूं,
उस कमजोरी से छूट जाएगा, सच सामने आएगा,
दारोगा मानेगा, असली दोषी को सज़ा दिलवाएगा,

भगवान का शुक्रिया किया, अपने वकील को बुलाया,
सारी बात उसको बताई, तब वकील ने उसे छुड़वाया,
फिर भी, लगभग तीन साल जेल में रहना पड़ गया,
बाहर आकर, परिवार और मित्रों से मिल खुश हुआ,

रिश्तेदारों की हरकत से दुखी, दूर रहे जिनसे आइंदा,
उस परिवार से फिर मिलने गया, जो थे बड़े शर्मिंदा,
वे भी कुटिल रिश्तेदारों की बातों में बहक गए थे,
अपने पराये के भेद पर मोह की चादर ओढ़े हुए थे,
घिनौनी साजिश में फंस, जिगरी को कष्ट पहुंचाया,
कैसे माफी मांगे, पश्चाताप करे? उपाय न सुझाया,

पीड़ित के मन में भी ऐसी भावनाएं कौंध रही थी,
असमंजस में वो पड़ा था, आंखें दोनों की नम थी,
हाथ जोड़कर, भारी मन से, भारी विदा लेकर लौटा,
कैसे रिश्ते फिर जुड़ जाए, रास्ते भर जाता सोचता,

घर पहुंचकर, दादी मां से, अपना दुख जाके रोया,
दादी ने दिल से लगाकर, उत्तम उपाय बतलाया,
"कुमार के लिए, उनकी कुमारी का हाथ मांग ले",
"पुराने बाते भूलकर, रोटी-बेटी का रिश्ता बना ले",

मन में नई ऊर्जा आई, सुखद नींद में सो गया,
सुबह सवेरे सूरज की किरणें ने उम्मीद जगाई,
मन में सोचा, "संभल जा, धीमे से बात करना,"
कुछ घंटे में तैयार हो, परिवार से मिलने गया,

"कुछ ज़रूरी बात है, घर के बड़ो से करनी है,"
पड़ गए अचरच में, ऐसी कौन सी बात है?
मन में असमंजस पड़ा, छोटी बैठक खोल दी,
बड़े जब सब बैठ गए, अपनी बात शुरू करी,

"रिश्तेदारों के शब्दजाल में, दोनों ही फंस गए,"
"आओ अब कसम खाएं, आगे सावधान हो जाए,"
"चार दिनों की नफरत, ग्लानि को खत्म कर दें",
"अपने कुमार के लिए कुमारी का हाथ मुझे दे दें"
"प्यार मोहब्बत के रास्ते पर, नई शुरुआत करे?"

अकाल्पनिक ये बात सुनकर पड़े सभी अचरच में,
उपाय जो मिल न रहा था, अपने आप राह खुले,
"बेटा, तुम्हारे बड़े दिल ने हमारा दिल जीत लिया,"
"बात को पक्की समझो, घर में मनाएंगे खुशियां,"
"जाकर करो तुम तैयारी, शाम को शगुन लाते हैं,"
"जल्द-जल्द से समय मिलाकर, शादी करवाते हैं,"
"धर्म-जाती अलग तो क्या?, दिलों को जोड़ते हैं,"

धर्म मजहब से ऊपर उठकर, मेल जोल बनावै,
भिन्न भिन्न धर्म व मज़हब मिल एकता साधै,
धर्म मज़हब को निजी विषय ही समझा जावै,
धर्म-धर्म की सांस्कृतिक खुशबू समाज में आवै,
जहां सामाजिक कानून अलग अलग हो जावै,
पर आपराधिक कानून सबको समान ही होवै,
प्यार मोहब्बत से जीने का, कोई तरीका नहीं?
ये भारत वर्ष में ही होगा, ये न होवै और कहीं।

****

प्यास

एक परिवार बस में सफर कर रहा, पांच छः घंटे का,
सफर दिन का, पहाड़ी रास्ता, घाटियों को पार जाना,
एक घाटी में प्रवेश किया, यातायात रुका पड़ा दिखा,
सड़क जाम, भूस्खलन से पत्थर मिट्टी ढहकर गिरा,

संग छोटे छोटे बच्चे, प्यास ने जिनको बेचैन किया,
पानी संग में लाए थे, वो तो कब का खत्म हो चुका,
अन्य यात्री भी प्यासे, देखा बाहर कोई पानी बांट रहा,
एक भिश्ती मशक से पानी निकाल लोगों को दे रहा,
लोग भी शुक्रगुजार होकर, पानी बोतल में रहे भरवा,

आदमी उतारा, दिल में शंका, पानी लेने से झिझकता,
ऐसा देख भिश्ती बोला, "मुखिया ने पोखर ठीक कराया,
सारा गांव ये पानी पीता, बरसात में इकट्ठा हो जाता,
संकोच मत करो, पीकर तो देखो, स्वच्छ और मीठा",
पीकर स्वाद लिया, सचमुच था स्वच्छ और मीठा,
बच्चों से दो बोतल मंगवाई, जल्द से पानी भरवाया,
पानी पीकर प्यास बुझ गई, बोतलें भर ली दोबारा,

पैसे पूछे, भिश्ती बोला, "मुफ्त है, जो मर्जी दे देना,"
फंसे हुओं की प्यास बुझाने, मुखिया ने मुझको भेजा,"

आदमी सोचा अचरच से जीवित है यहां इंसानियत,
शायद मुखिया की वजह से, बन जाती ऐसी सीरत,
या फिर विपदा में, गांव आपस में ऐसी मदद करे,
जो भी हो, अपने दिल में झांके, नीयत साफ रखे,

कुदरत पर रख भरोसा, साफ कर लो सीरत नीयत,
किस्मत में जो भी जाए, कुछ न कुछ होवे बरकत।

****

महान सेनापति

एक राज्य में, था एक सेनापति, राजा का खास,
बरसों से राजा की सेवा की, नहीं थी कोई आस,
सेनापति की ये खूबी राजा को बेहद पसंद आई,
अपना खास बना दिया उसको, सोहबत रंग लाई,

सेनापति वीर होने के साथ साथ था बुद्धिमान,
आंतरिक सुरक्षा समझ, जाने सब भेद वर्तमान,
खुश होकर दे दिया गुप्तचर व्यवस्था का भार,
काबिल वो इतना, ज़रा न महसूस करे पदभार,
राजा खुश, अपनी किस्मत से होता शुक्रगुजार,

कई बरस बीत गए, रोज़ होती गुप्त मंत्रणा,
सेनापति के सुझावों से, राजा पाता प्रेरणा,
दिल जीतकर बन गया राजा का विश्वसनीए,
ताल-मेल ऐसा बैठा, सगो से बढ़कर जानिए,

सेनापति ने अपना खुद का घर नहीं बसाया,
अपने बारे में सोचे, समय नहीं मिल पाया,
कर्म और किस्मत ने, धन-ही- धन बरसाया,
शोहरत ऐसी फैली, नाम का डंका बजवाया,

इतना सब कुछ होने पर भी, था वह अकेला,
सोच- सोच कर, खुद को उदासीनता में धकेला,
राजा उसको ऐसा देख, समझे सके न व्यथा,
बुलाकर पास,क्या हुआ" अपना दुखा बता",

सेनापति, "क्या कहूं, बिलकुल अकेला पड़ा हूं",
"इतनी शोहरत का क्या लाभ, ऐसे सोचता हूं",
"असमंजस की स्थिति, पता नहीं क्या करूं?"

राजा हंसकर बोला, "यह छोटी से बात है,"
"विरले ही, ऐसी ऊंचाइयों तक पहुंचते हैं",
"विरला है तू, अकेले रहना तेरी नियति",
"कर्म योद्धा है तू, कर्मों की है ये गति",
"मैं भी अकेला हूं, मेरे जैसा तू बन जा",
"जीवन एक नाटक, अपना पात्र कर अदा",

समझ गया सेनापति, कर्म मार्ग की रीत,
कर्म करते रहकर भी, रहो उनसे निर्लिप्त,
जैसे समझ में आए, वैसे कर्म करते जाओ,
धन, शोहरत जो भी आए, सिर्फ कर्मफल,
हार-जीत जो भी है होती, रहो सदा अचल।

****

मैय्यत

एक आदमी, योगी, भक्त और ज्ञानी,
मोह में फंसकर, बना जैसे अज्ञानी,
हुआ यूं, कि उसका पुत्र गुज़र गया,
मालूम कि अल्पायु है, सह न सका,
मोह में उलझ, दिल विचलित हुआ,
असमंजस था, उपाय न कोई सूझा,

गुरु ने संकेत किया, पोखर पर जाओ,
जाकर समझो देखो, शांति पा जाओ,

आज्ञा मानकर, पोखर को चल पड़ा,
देखा कि कई मेंढक, खेल कूद रहे,
गुरु कृपा से, उनकी वाणी समझ रहा,
"ये पोखर अपना घर, यहां पर खुश हैं",
"जो भी यहां होता, वो ही अच्छा है",

इतने में सांप आया, मेंढक खाने को,
पलक झपकते, एक मेंढक मुँह में डाले,
मेंढक डरे हुए, सहमें हुए, और छिपे हुए,
सांप के जाते ही, सब पुनः बाहर आए,
फिर से अपने अंदाज में, खेल शुरू करे,
"ये पोखर अपना घर, यहां पर खुश हैं",
"जो भी यहां होता, वो ही अच्छा है",

ये सुनकर, समाधान आदमी का हो गया,
शांत हुआ, समता का पाठ मिल गया,
गुरु को स्मरण करके, उनको नमन किया,
बेटे की इतनी ही आयु, आत्मसात कर लिया।

****

मनीष प्रकाश जैन

सर्दी

सर्दी में घर का पंखा अकेला पड़ जाता है,
कोई भी सर्दी में, पंखे को नहीं पूछता है,
"अरे, बिजली चली गई, गर्मी लगेगी",
"अरे, बिजली आ गई, अब पंखा चलेगा"
ये वाक्य सुनने को पंखा तरस जाता है,

बुढ़ापे की सर्दी में, पंखे जैसी हालात होती है,
बच्चे निजी ज़िंदगी में मसरूफ़ हो जाते हैं,
नौकरी से स्थायी अवकाश मिल जाता है,
समय खाली हो जाता है, काटना कठिन है,
ऐसा लगता है, जैसे कोई मकसद नहीं है,
बिल्कुल सर्दी में पंखे की तरह,

ऐसे में अपनी दिन चर्या को पुष्ट कर लो,
घर-गृहस्ती के काम करो, घूमने की आदत डालो,
संगीत, साहित्य को अपने नए साथी बना लो,
तेज़ रफ़्तार कम कर लो, हौले हौले जी लो,

कुछ नया कोशिश करो, मन को ताज़ा रखो,
एक नया अध्याय है, सुंदरता से लिख लो,
अंतिम पड़ाव में, कुछ आत्मा की सुध ले लो,
योग, ध्यान, भक्ति से यात्रा सुगम कर लो,
अपने अगले पर्याय की तैयारी करो लो।

****

महामारी का आगमन

तीसरी लहर, नए रूप में, बन गई मेहमान,
बिन बुलाए हो आए, महामारी का आगमन,
तेज़ रफ्तार से फैले, बनाए कई को मेजबान,
मामूली जुकाम जैसे, या पता न चले क्या?,
पता ही न चलता, कैसे फैल रही जहां तहां,

मैं दिल्ली से वापिस, पांच दिन पहले आया,
पिताजी के अंतिम संस्कार से लौटकर आया,
उम्र पूरी हुई थी, छियासी वर्ष आयु पार करे,
शुक्रिया भगवान का, जीवन से मुक्ति मिले,

जन्म दिन के बाद ही, घर में बुरे गिर पड़े,
अस्पताल गए, जांच के बाद खास न मिले,
अस्पताल से छूट कर, पहले जैसे नहीं रहे,
घटना के बाद, दो मास से खाट पर रहे,
दिमाग पर असर हुआ, बेटा न पहचानते,
भाई और मैं दोनों, मुक्ति कि दुआ करते,

घर में महामारी आई, शायद बीवी संग लाई,
यों तो हो सकता है, मेरे साथ भी चल आई,
ऑफिस जाती थी, कई संक्रमित हो गए जहां,
संभावना यह बनती है, संक्रमण हुआ है वहां,

मुझे कोई भी लक्षण नहीं, अचरच का विषय,
नज़ला जुकाम तो मुझे सदा से ही जकड़े रहे,
वहां कॉलेज में, एक बेटा चपेट में आ गया,
इंतज़ाम अच्छा था, इलाज की भी सुलभता,

फिर भी बेटे के मन को डर ने पकड़ लिया,
महामारी ऐसी, मन में असमंजस भर दिया,
अगले दिन रात को, सांस आने में दिक्कत,
उसके साथ होता है ऐसा, दमा जैसे लक्षण,
अपने पास इस व्याधि का उपचार रखता,
फिर भी इस्तेमाल करने से वो झिझकता,

पास विश्वसनीए डॉक्टर से सलाह करी जो,
डॉक्टर ने कहा, लक्षण का इलाज ही करो,
आश्वस्त होकर, बेटे ने उपचार कर लिया,
अगले दिन सवेरे तक, स्वस्थ महसूस किया,

मां का दिल न माने, अपने तरीके से चले,
घर में वापिस ले आओ, कहने लगी मुझे,
वही पर ठीक है वो, मुश्किल से समझाया,
इस बीमारी के दौरान, एक जगह ही रहना,
मेरे लिए आने जाने में, बढ़ जाता खतरा,
चपेट में न आ जाऊं, ऐसा नहीं है करना,

बीमारी ऐसी है, मन पर ज़्यादा असर करे,
इलाज नहीं है कोई, बस लक्षणों को देखे,
आधुनिक समय में, पचता नहीं यह सच,
ऐसे में मानसिक त्रास सहे, कोई न अचरच,

खैर एक हफ्ते में दोनों ही ठीक हो गए,
तीसरी लहर में वैसे लक्षण कमजोर पड़े,
लक्षण के साथ, मानसिक सेहत भी देखे,
लक्षण सुधर रहे है, मतलब सब ठीक है,
बिगड़े हुए वाक्यों को मन से निकाल दे,

महामारी के दूरगामी परिणाम आने बाकी हैं,
मनोवैज्ञानिक असर तो अवश्यंभावी लगता है,
मन को मजबूत करे, तीसरी लहर है सर्वत्र,
चपेट में कब आओ? मजबूत रख मन तंत्र,

महामारी का असर कमजोर, निकट है अंत,
अंत की है दस्तक, अंत की है दस्तक ...

****

मनीष प्रकाश जैन

कानून? ज़रा सोचिए

कानून क्या है? न्याय प्रणाली का हिस्सा,
न्याय प्रणाली क्या है? मत भेद सुलझाना,
चाहे पारिवारिक, सामाजिक व व्यावसायिक,
अथवा सीमाओं को लांघता हुआ, आपराधिक,

आपराधिक मामलों में, पुलिस तंत्र चाहिए है,
मामला न्याय पालिका में ही सुलझ सकता है,

इन दूसरे क्षेत्रों में न्याय पालिका क्यों चाहिए?
कचहरी में जाना, समाज टूटने के लक्षण नहीं?

मत भेद चरम सीमा पर हो, कचहरी जाईये,
क्या आपसी समझ से सुलझाना नहीं चाहिए?

कानून जब समाज और परिवार में घुस जाए,
यह समाज के टूटने, बिखरने की दस्तक है,
परिवार, समाज को सरकार नहीं सुधारेगी,
क्या ये ज़िम्मेदारी परिवार और समाज की नहीं?

अपराध के अलावा, कचहरी में जाकर लड़ना,
क्या भेद- भाव और अविश्वास का लक्षण नहीं?
फिर क्या कचहरी में, कितने मामले सुलझते?

टूटे हुए समाज, परिवारों में ये तो विडंबना है,
कुछ बिगड़ जाए, तो न्याय मिलना दूभर है,
आपसी समझौते में ही समझदारी लगती है,
चाहे कितनी ही कड़वी और अनुचित न हो?

व्यावसायिक मामलों में भी यही स्थिति है,
आपसी समझौते में ही समझदारी लगती है,

क्या नए सिरे से न्याय प्रणाली को बनाना है?

समाज संगठित हो, तो ही ये हो सकता है,
आत्म-समान के बगैर ये होना संभव नहीं,
समाज को तोड़ने वाले, यहीं पर वार करते,
सांस्कृतिक उत्थान से ही आत्म- सम्मान बढ़े,
तथाकथित किताबों में बकवास ही लिखी है,
भारत का इतिहास, अब उजागर हो रहा है,
इंटरनेट के मंच पर ये साझा हो रही है,
सुनिए और समझिए, ज़रा सोचिए ...
ज़रा सोचिए ...

****

माचिस की लौ

माचिस की लौ, को कम मत आंक लेना,
दो पैसे की तिल्ली ने अंदर ब्रह्मांड समेटा,
माचिस की लौ जलती है थोड़े ही समय को,
किसी और ब्रह्मांड में, पूरा कल्प काल हो?

जैसे सौर मण्डल, सूर्य की उत्पत्ति से बना,
पहले सूर्य, आग के गोले करते थे परिक्रमा,
आगे चलकर ये आग के गोले बन गए गृह,

वैसे ही माचिस की लौ, चिंगारियां बिखेरती,
जैसे करे कोई नए सौर मण्डल की उत्पत्ति,
कुछ ही समय के लिए, समय है आपेक्षिक,
इस लौ में ब्रह्मांड छिपा, चाहे काल्पनिक,

कल्पना की शक्ति से, जन्मे नई कलाएं,
ब्रह्म का संकल्प जैसे सृष्टि को रचाए।

****

बेलदार और मिस्त्री

बेलदार और मिस्त्री, आधुनिक भारत की बुनियाद,
घर, इमारत, कॉलोनी बनाते है, करें शहर आबाद,
औपचारिक न कोई व्यवस्था, शहरों को दौड़े आएं,
खेती बाड़ी कहां तक कर पाए, गांव छोड़कर जाए,

निर्माण स्थल पर रैन बसेरा की स्वयं व्यवस्था करे,
नीले नीले तिरपाल लेकर, कच्चे झोपड़ पट्टी बनाए,
पति पत्नी, छोटे बच्चो संग, जिनमें गुज़र हैं करते,
पत्नी भी निर्माण कार्य में, काम करे मजदूरी कमाए,
मौसम की कोई परवाह नहीं, गरमी, बारिश या ठंड,
अपना घर समझ रहते, भूख से बड़ा नहीं कोई दंड,

दिन चर्या में साफ दिखता, साफ सफाई की फितरत,
रोजाना नहाते धोते है, साफ कपड़े पहनने की आदत,
नीले-नीले तम्बू के पास कपड़े सूखते नज़र आ जाए,
जैसा भी पानी मिल जाए, उसी से जीवन चलाए,
स्त्री को तम्बू के बाहर, पानी छिड़कते देख सको,
कभी कभी सवेरे को बाहर रंगोली सजी हुई देखो,

कठिन परिस्थिति है, अपनी संस्कृति नहीं भूली,
ज़मीन की खुशबू है, इस पावन भारत भूमि की।

****

मनीष प्रकाश जैन

गद्दे की दुकान

गद्दे वाली दुकान, मेन रोड पर बीच बाज़ार में,
गद्दे खरीदने गया था, पहुंचा जहां ढूंढते ढूंढते,
आस पास दो बड़ी बड़ी दुकानों के बीच दुकान,
कुछ समय लग गया, देखना न जिसे आसान,

दुकान को चलाने वाला, आसिफ भाई मालिक,
छोटी सी दुकान में काम करे दर्जन भर श्रमिक,
सब धर्म-जात के कामगार जीवन यापन करते,

पुराने जमाने जैसे यहां पर रुई के गद्दे बनाते,
दो तरह की रुई, सस्ती, पुराने कपड़े से बनती,
कपास की सफ़ेद रुई लगाएं, वो महंगी पड़ती,

मेन ग्राहक हॉस्टल, पता चला मुझे बतियाने से,
स्कूल और कॉलेज बच्चों के लिए खरीद ले जाए,
साफ दिखाई देता, कामगार मुस्तैदी से लगे हुए,
एक बात और, हफ्ते में सातों दिन यह खुलती,
सुबह नौ बजे से रात नौ बजे को ही बंद होती,

इस आधुनिक जमाने में, ऐसी भी दुकान होवे?
अनोखा ग्राहक, जिसका विचार भी नहीं आवे,
रात दिन मेहनत कर करके रोजी रोटी कमाए,
इस जमाने में, कितने घरों की रोशनी जलती,
ज़मीन की खुशबू है, पावन भारत भूमि की।

****

गहरा संबंध

घर से थोड़ी दूर ही, एक लोहे की वर्कशॉप है,
घर के लिए जाली, दरवाजा व बाड़ बनाते है,
इसको चलाने वाले, सलीम और अफ़रोज हैं,

ज़्यादातर दुकानें छोटे काम को मना करते,
मेरे अनुभव में, ये दुकान अन्य से भिन्न है,
सलीम भाई छोटे काम को मना नहीं करते,
तुरंत आकर, काम देखकर दाम बता देते हैं,

वैल्डिंग मशीन का भाड़ा ज़्यादा ही होता है,
लोहे व मजदूरी का दाम लगा, साफ बताते,
मोल-भाव तो इनके साथ हम करते ही हैं,
दाम को कम करने की पूरी कोशिश करते हैं,
छोटे काम हैं, पूरा करने में कुछ देरी करते,
ज़्यादातर, सलीम और अफ़रोज, स्वयं आते,

जैसे घर के बाहर की बाड़ को थोड़ा काटना,
बाड़ के अंदर बिजली का खंबा जो था लगा,
सीढ़ी के लिए, बाड़े के ऊपर रास्ता बनाना,
या जब लोहे का मेन गेट, वजन से धंसता,
सांकल अटकने लगी, उसे थोड़ा सा खोलना,

हाल ही में, एक जे॰सी॰बी, बाड़ा तोड़ गई,
पीछे बिल्डिंगें बन रही, होगी उनकी गाड़ी?
बाड़े का अग्रिम भाग बिलकुल ही टूट गया,
जाली धनुष सम हुई, बाड़े का खंबा उखड़ा,

सलीम को फोन करके, उसको तुरंत बुलाया,
आकर देख कर," कुछ भी नहीं, हो जाएगा",
"टूटी बुनियाद ठीक कर खंबा लगवा लीजिये",
"कुल मिलाकर तीन हज़ार कुछ का खर्चा है",
मैंने मान लिया, और काम चालू करवा दिया,

ऐसा लगता है, कुछ गहरा संबंध बन गया है,
पूछा, "छोटे काम करने को भी आ जाते हैं",
सलीम बोला, "कुछ नहीं, अपनी मोहब्बत है",
मैं बोला, "सलीम भाई, ऊपर वाले की दया",
सलीम, "बस, बस", हाथ सीने पर रख दिया।

****

हसन – जेवर का कारीगर

कभी कभी ऐसा अनुभव हो जाता है, जो दिल गहरा छू जाता है। ऐसा ही अनुभव मुझे हुआ, इस रविवार को। कभी कभी गद्य में वर्णन कविता की तरह ही हो जाता है। इसीलिए, इस अनुभव का काव्यात्मक वर्णन नहीं कर रहा हूं।

मेरी अंगूठी का नग ढीला हो गया था, तो उसको ठीक करने निकाला था। घर के आस पास मैंने जौहरी की दुकान पर कारीगर बैठे हुए देखा था, जो ऐसे काम करता है, जैसे अंगूठी का छल्ला बनाना, चेन में टांका लगाना, नग फिट करना, इत्यादि।

चलते चलते कॉलोनी की दुकान में ऐसा कारीगर मिल गया। उसको अपनी अंगूठी दी और कहा,

"नग ढीला हो गया है", कहता है, "ठीक हो जाएगा",

मैं, "काटना तो नहीं पड़ेगा? कितना टाइम लगेगा",

बोला, "दस पंद्रह मिनट लगेंगे, काटना नहीं पड़ेगा",

पूछा, "कितना लगेगा", "सौ रुपया", वह बोला,

मैं, "सौ रुपया ज़्यादा नहीं लगता?",

वह, "चारो तरफ से टाइट करना पड़ेगा, सौ रुपया क्या है, काका?",

मैंने कुछ सोचा, "अच्छा ठीक है, करो, मैं यही बैठा हूं",

दुकान की दहलीज़ को इशारा कर मैं बैठ गया। वह अंगूठी को अपने खास डंडे में अटका कर, हथोड़ी से चरो तरफ से हल्के हल्के मारने लगा। फिर अंगूठी को निकाल, नग को पीछे से दबाकर, दोबारा हथोड़ी से टाइट कर रहा था। ये उसने

कुछ बार दोहराया। फिर अंदर से सुपर ग्लू लगाकर, दबाने लगा, और मुझे अंगूठी दे दी।

मैंने देखकर पूछा, "अंगूठी की चमक कम तो नहीं होगी?", उसने अंगूठी वापिस ले ली।

एक हाथ से अंगूठी पकड़कर, वह सफाई करने के लिए दूसरे हाथ से प्लास्टिक का डब्बा खोलने की कोशिश करने लगा। मुझे लगा की हाथ में कोई कमजोरी है, अथवा हल्की सी कंपन है। एक दो बार कोशिश कर, वह डब्बे को खोल नहीं पाया। उसने अंगूठी अपनी मेज पर रखी, और दोनों हाथों से डब्बा खोल दिया। उसमें तेजाब था, जिससे जेवर साफ किए जाते हैं।

मैं उसके आकार प्रकार को ध्यान से देख रहा था, खिचड़ी दाड़ी और मूंछ, छोटा सा कमजोर शरीर, पतले पतले पांव। वो पालती मारे बैठा था, और एक पांव के पंजे पर पुराने जलने के निशान थे, काफी ज़्यादा जला हुआ लग रहा था।

मैं, "क्या आस पास रहते हो?", वो, "नहीं, एर्रागाडा से आता हूं", एर्रागाडा हमारी कॉलोनी से लगभग दस किलोमीटर होगी। अनमूलन ऐसे कारीगर आस पास ही रहते हैं।

"क्या शेयर ऑटो से आते हो? या बाइक से?"

वो बोला, "बस से मियापुर तक आता हूं, फिर वहां से शेयर ऑटो पकड़ता हूं",

मैं, "मियापुर से कितना भाड़ा लगता है?", वो बोला, "तीस रुपया",

मुझे बहुत ज्यादा लगा, और ऐसा सुना भी था, कि दाम पिछले सालों में लगभग दोगुना हो गए हैं।

मैं, “ये तो ज़्यादा है”,

वो, “हां, ज़्यादा से ज्यादा से पंद्रह रुपया होना चाहिए।“

“उनको वापिस जाने को कोई नहीं मिलता”,

मैंने कहा, “हां, धन्दा मंदा ही है,”

वो, “लॉकडाउन के बाद से”,

मैं, “हां, महंगाई बहुत है, लॉकडाउन के बाद”,

वो, “पेट ले लिए सब काम करते हैं”,

मैंने हामी भरी, “हां, काम तो सब करते हैं”,

मैंने पूछा, “नाम क्या है?”, वो कुछ जवाब दिया जो मुझे ठीक से सुनाई नहीं दिया। मैं, “क्या?”, वह फिर बोला, और मुझे हसन अली समझ में आया। मैं, “अच्छा, हसन अली”,

वह बोला, “आज ये काम मिला है, और कुछ न मिले तो भी मेरा काम हो गया है”,

वैसे एर्रागाडा मुस्लिम बहुल इलाका है।

मैं मन ही मन सोचा, उसको आने जाने में ही पचहत्तर – अस्सी रुपया लगता है, और सौ रुपया में उसका काम हो गया? मुझे ये बात दिल के अंदर तक छू गई।

मैंने अपनी साईं की अंगूठी भी निकाली और सफाई के लिए दे दी। उसने उसकी भी सफाई चालू कर दी।

मैंने उसको कहा, “ये साईं की अंगूठी है”

वो बोला, "अच्छा, साईं बाबा की,"

"उनके नाम पे तो लूट चल रही है",

मैं, "हां, ये तो हो रहा है",

वो सफाई करता रहा।

कुछ देर में, मैं बोला, "उनके जमाने में सूफी संत, योगी, फकीर सब मिलने जाते थे,"

उसने मुंडी हिला दी,

मैं, "उनका संदेश भुला दिया है",

उसने फिर मुंडी हिला दी,

"अब तो बहुत झगड़े होने लग गए हैं",

वो बोला, "हां, अब बहुत झगड़े होने लग गए हैं",

मैं, "अभी भी, अच्छे और सच्चे लोग हैं",

वो बोला, "उनकी वजह से ही दुनिया चलती है",

फिर कुछ सोचकर बोला, "हमारे हदीस में हैं, एक भी अच्छा आदमी हो, तो ऊपर वाला बचाता है",

मैंने हामी भर दी।

मुझे लगा की अगर अंगूठी सफाई के सौ रुपया भी मांगे तो दे दूंगा। उसने अंगूठी साफ कर दी।

मैं, "कितना हुआ?",

वो, "एक सो पचास रुपया",

मैंने कोड स्कैन किया और एक सो पचहत्तर रुपया फोन से उसको ट्रान्सफर कर दिया।

मैं, "आप अच्छे आदमी हो, इसीलिए एक सो पचहत्तर दे रहा हूं"

वो बोला, "और कोई काम हो तो आना",

मैंने कहा, "ठीक है"

पता नहीं, दो सौ देने चाहिए थे की नहीं, मुझे जो ठीक लगा मैंने कर दिया। इस वाक्य ने मुझ पर गहरा असर छोड़ा है, कि याद से आंखे भर ही गई थी। ये इस ज़मीन की खुशबू है, जो ऐसी गरीबी में भी भले लोग मिल जाते हैं। हो सकता हैं, मैं ज़्यादा भावुक हूं।

****

एक फ्लॅट

कई साल पहले, एक फ्लॅट बूक किया था,
फ्लॅट तय समय पर बिल्डर ने दे दिया था,
बारिश का मौसम, मकान में दिक्कत आई,
मकान की दीवारों पर सीलन दी दिखाई,

हमने, "पांडुरंग जी, दीवारों पर सीलन है,"
पांडुरंग ने देखा, "अच्छा, कुछ करता हूं,"
उन्होंने मकान में हैलोजन बल्ब लगवाए,
शायद उतनी गर्मी से सीलन सूख जाए,
फिर भी सीलन से छुटकारा न पा पाए,

उनके बेटे प्रवीण से मिल सारी बात बताई,
प्रवीण, "देखकर आया हूं, लगेगी खास दवाई,"
आदमी बुलवाया, दीवारों में रसायन लगवाया,
फिर भी दीवारों की सीलन में फर्क नहीं आया,

प्रवीण ने कहा, "कोई बात नहीं, आदमी बुलाऊंगा",
"बात करके, दीवारों में फिर रसायन लगवाऊंगा,"
"फिक्र न करो, मकान आपका ठीक करवाऊंगा",
इस बार दीवारों से सीलन धीरे धीरे जाती रही,
दो हफ्ते बाद, सीलन लगभग खत्म से हो गई,

अपने खर्चे पर, बिल्डर ने मकान ठीक करवाया,
एक बार जो ठीक न हुआ, दोबारा प्रयास किया,

ऐसे में मकान मिलने में तीन महीने देरी हुई,
प्रवीण से मिलकर, किराए भरपाई की बात करी,
आश्चर्य, पांडुरंग जी मान गए, भरपाई स्वीकारी,
"मकान की प्रोब्लेम लेकर लड़ाई झगड़ा न किया"
"पूरा सहयोग दिया हमको, नुकसान करूंगा पूरा",
दे दिया बिल्डर ने हमको, तीन माह का किराया,

वैसे भी हम हैदराबाद में हम नए नए आए थे,
बहस बाज़ी करने की कोई स्थिति में भी नहीं थे,
दूर दराज, पंचायती रिहायशी कॉलोनी में रहते,
साधारण मकान है, बिल्डर नामी-गरामी नहीं,
फिर भी, बिल्डर की नीयत देखो सही ही रही,

शायद हमारी विनम्रता भी कारगर साबित हुई,
जो भी हो, यह एक अप्रत्याशित अनुभव हुआ,
छोटी जगह में, शायद शुभ संस्कार जीवित हैं,
यह तो भारत की पावन भूमि की खुशबू है|

****

बाथरूम की सफाई

फ्लॅट के दोनों बाथरूम बहुत गंदे हो गए थे,
किरायेदार चार साल रहकर भी ध्यान नहीं दे,
साफ सफाई वाले इंटरनेट ऐप्प से बुलाये थे,
दोनों का खर्चा लगभग हज़ार के बराबर था,
तय समय पर कंपनी का कारीगर आया था,

"दिक्कत है", देखकर हालत बाथरूम की,
मैंने पूछा, "भाई, ऐसी क्या समस्या हुई?"
वह बोला, "कई जगह तेज़ाब लगेगा!"
मैं बोला, "फिर क्या हुआ? तो लगा",
"कंपनी का नियम है, तेज़ाब मना है",
"साफ सफाई में जल जाने का खतरा है",

मेरे अनुभव में यह बिलकुल नई बात थी,
बाथरूम सफाई में तेज़ाब ज़रूरी होती थी,

फिर बोला, "अगर आप तेज़ाब ले आओ",
"तो मैं अच्छी तरह से सफाई कर दूंगा",
"ये ही ठीक रहेगा, आ तो गया ही हूं",

मैं बोला, "फिर कंपनी नियम का क्या?"
वह बोला, "कंपनी को पता कैसे चलेगा?"
मैंने हामी भरी, "जाके तेज़ाब लाता हूं",

मैं बाज़ार गया, तेज़ाब की बोतलें लाया,
उसने फिर शुरू कर दिया सफाई करना,
कुछ देर में दोनों बाथरूम साफ हो गए,
गंदगी हटी, सफाई हुई, चमकने लग गए,

कारीगर का ऑर्डर भी रद्द नहीं हुआ,
न रद्द होने का नुकसान उठाना पड़ा,
दो बोतल, चालीस रु० में काम हो गया,

कारीगर की मर्ज़ी होती, वापिस जाता,
तेज़ाब मना है, कंपनी को साफ बताता,
उसका कोई भी नुकसान नहीं होता,
रद्द करने पर मेरा ही नुकसान होता,
मामूली सूझ बूझ से काम बन गया,
जुगाड़ प्रसिद्ध करते, ऐसे ही वाक्य।

****

वो रविवार

मेन रोड पर टिफ़िन की दुकान होती थी,
टिफ़िन दुकान की कुछ विशेष बातें थी,
इस बात को तो कई साल बीत गए है,
फिर भी उन दिनों की यादें ताज़ा हैं,

इस दुकान से हर रविवार नाश्ता लाते,
मैं और मेरा बेटा, रोहित, जल्दी उठते,
सवा-साढ़े आठ के बीच निकल जाते,
देरी होने से, सारी चीज़ नहीं मिलती,
इसीलिए निकलते थे जल्दी-जल्दी,

एक दिन पहले तय कर लेते क्या लाना?
या सुबह उठते ही, "मेरे लिए पूरी लाना",
"मुझे मसाला डोसा चाहिए", छोटा बोला,
मैसूर भज्जी और इडली तो सदा लाते,
रोहित और मुझे सांभर वड़े पसंद आते,
तो अक्सर, सांभर वड़े भी खरीद लाते,

मैं और मेरा बेटा, स्कूटर पर निकल जाते,
मैं अपना हेलमेट पहनता, बेटा भी डाले,
दक्षिण भारत के टिफ़िन हमको पसंद थे,
हर हफ्ते इस समय की प्रतीक्षा करते थे,

इस दुकान की विशेषता, उत्तम क्वालिटी,
दो वर्षों में कीमत एक बार भी नहीं बढ़ी,
हर हफ्ते आने से मालिक पहचानने लगा,
मुसकुराता, और ऑर्डर की पर्ची काटता,
पहले ही बता देता, "आज वड़े फ्रेश नहीं है",
"इसको मत लो," फिर बताता क्या फ्रेश है,

चटनियां और सांभर सबको बहुत पसंद थे,
ज़्यादा चटनी और सांभर पैक कर देते थे,

नौ-सवा नौ नाश्ता लेकर वापिस आ जाते,
सांभर को खोलकर, गरम करने को रखते,
चटनियों के पाकेट खोल, कटोरो में रखते,
ओवन में इडलियों को पानी दाल गर्म करते,
मैसूर भज्जियों को ओवन में तेज़ गर्म करते,

इतने में दोनों छोटे बच्चे भी नहा धो लेते थे,
सब नाश्ता लेकर टीवी के कमरे में बैठ जाते,
अक्सर विक्रम और वेताल के सीडी लगा लेते,
कभी कभी माँ, भक्ति, के सीडी भी लगा लेते,
वो एक-डेढ़ घंटा सब एक साथ बैठकर खाते,
और मज़े से, टिप्पणियों समेत, सीडी देखते,

कुछ समय के अंतराल, दुकान बंद हो गई,
शायद नए बाज़ार में दुकान चल नहीं पाई,
ये दिन हम पांचों, अभी भी याद हैं करते,
कुछ स्मृतियां ऐसी हैं, जीवन भर याद रहे।

****

पेड्डी राजू, मैकेनिक

पेड्डी राजू मैकेनिक, को अरसे से जानते हैं,
बहुत ही कुशल मैकेनिक, सब ठीक करता है,
जुगाड़ू, पार्ट न मिले, तो दूसरे खोज लेता है,

कुछ मास चेन्नई में रहकर, हैदराबाद आए,
क्या पता था? हैदराबाद स्थायी घर हो जावे,
समान ट्रांस्फर में, गाड़ी को नुकसान हो गया,
चलाते समय, इंजन रुकने जैसा लगने लगा,
ऑफिस में बताया, भरोसे की एक वर्कशॉप,
सोचा एक बार जाकर देख तो ले ये वर्कशॉप,

गाड़ी वर्कशॉप ले गए, पेड्डी राजू को दिखाया,
उसे दिक्कत बताई, उसने कार बोनट उठाया,
गाड़ी स्टार्ट करने पर, आवाज़ सुनकर बोला,
"इंजन में कुछ खराबी है, खोलता हूं थोड़ा,"
नुक्स कहा है? आवाज़ से ही पहचान गया

इंजन खोल पिस्टन को ऊपर से चेक किया,
देखकर बोला, "एक पिस्टन खराब हो चुका,"
"बदलना होगा", मैंने पूछा "कोई रिस्क है?"
वह बोला, "चला सकते हो, ज़्यादा तेज़ नहीं",
मैं, "परिवार इस्तेमाल करे, तेज़ नहीं चलती"
"कोई भी रिस्क नहीं है, गाड़ी चलेगी लंबी",
सही कहा उसने, सोलह साल बाद गाड़ी बिकी,

समय समय पर इससे, गाड़ी ठीक करवाते रहे,
कभी शिकायत नहीं हुई, भरोसे का आदमी है,

हाल ही में, मैकेनिक को पुराना स्कूटर दे दिया,
बिजली प्रणाली बेकार हुई, ये थी बड़ी समस्या,
बल्ब सब फुस्स हुए, हॉर्न ही बजे मरमराता सा,
मैंने कहा, "स्कूटर ले जाओ, इस्तेमाल कर लो",
"पड़े पड़े यहां सड़ता है, मेरे लिए बेकार है जो,"

मन में एक अंजाना सा भय भी पनपता जाए,
कहीं कागज-पत्री से पहले कुछ गड़बड़ हो जाए?
कहीं स्कूटर दुर्घटना में शामिल न हो जाए?
उसका कोई कारीगर स्कूटर लेकर भाग न जाए?
इस तरह के विचार, भगाने से भी न भाग पाए,
फिर भी भरोसा था, स्कूटर उसके किया हवाले,

पेड्डी राजू का कारीगर प्रमोद स्कूटर ले गया,
कुछ दिन बाद, जिसका डर था वही हो गया,
ट्रेफिक पुलिस से, मेरे फोन पर मैसेज आया,
स्कूटर गलत चलाने पर भारी जुर्माना लगाया,
ग्यारह सो से ज्यादा का चालान काटा गया,
मैंने पेड्डी राजू को फोन पर मैसेज भेज दिया,
पेड्डी राजू को फोन कर, चालान की बात करी,
वो तुरंत बोला, "बच्चा भर देगा, कोई बात नहीं",
मैं बोला, "इंटरनेट पर भर दिया, बाद में दे देना",
उसके कारीगर फयाज़ का मेरे पास फोन आया,
मेन रोड, गलत साइड, फयाज़ स्कूटर चला रहा,
बोला, "दस तारीख को पेमेंट मिले, तब देता हूं",
मैंने कहा, "ठीक है, दस तारीख इंतज़ार करूं",

ठीक दस तारीख को फयाज़ ने पैसे वापिस दिये,
दिल में जो भय था, ऊंच नीच कुछ भी न होए,
वह भय तो बेमानी निकला, मामला ऐसे सुलझे,

स्कूटर की पंद्रह वर्ष की उम्र पूरी होने जा रही,
अतः उसका पुनः पंजीकरण कराना हुआ ज़रूरी,
प्रमोद ने बीमा, नया पंजीकरण सब करवा लिया,
टूटा फूटा स्कूटर लेकर मुझपर तो उपकार किया,
तेलंगाना में अभी तक स्क्रैप नीति लागू न किया,
मेरा बेकार स्कूटर, चलो किसी के काम आ गया,

पूरे वाक्य से मैं समझा, ईमानदार सब जगह है,
ज़रूरी नहीं, निचले तबके के, लोग कुटिल होते,
ज़रूरी नहीं की पढे लिखे, ईमानदारी हैं बरतते,
अच्छाई सब जगह है, महसूस करना ज़रूरी है,
पूर्वग्रह से दूर रहो, असल जीवन तो मिश्रित है।

****

इंसानियत की खेती

सुबह सवेरे घूमते हुए, कुछ लिखने की प्रेरणा हुई,
रोजाना ही देखता जिसे, दिल में आज अनुभूति हुई,
शायद दो परिवार, गरीब तबके के, मेन रोड से सटे हुए,
छोटी सी गली के मुख पर, एक दूजे के आमने सामने,

अधेड़ उम्र का मुसलमान, भक्क सफ़ेद वेश-भूषा में,
रोज़ ही देखता, सफ़ेद कुर्ता, सफ़ेद पयजामा व टोपी,
कभी खड़ा हुआ, तो बैठे हुआ, चाय पीते नहीं देखा,
शुरू से ऐसा लगा, नींद नहीं आती, घर बहुत छोटा,
कैसे भी करके सोता, जल्दी से उठकर, नहाता धोता,
स्वच्छ कपड़े पहनकर, दहलीज़ पर खड़ा या बैठता,
ऐसा भी मुझे लगा की, तीन चार जोड़ी कपड़े ही हैं,
रोज़ पहनता सफ़ेद पौशाक, टोपी, कुर्ता व पयजामा,

सामने वाला परिवार, कबाड़ इकट्ठा करके रखता,
जैसे प्लास्टिक के डब्बे, रद्दी, बोतलें व बाल्टियां,
एक रोज़, सारे परिवार, पांच-छः जनों, को देखा,
थोड़े गंदे से दिखाई दिये, मैले कपड़ों का पहनावा,
गंदगी किसको पसंद है? सभी शांति से बैठे, खड़े,
तभी खयाल आया, साफ-सफाई का पानी नहीं है,

एक बार, परिवार की वृद्ध महिला, की मदद करी,
सुबह सवेरे वो वृदधा, सूखी लकड़ियां बीन रही,
मेन रोड के बीच में, पेड़ पौधो की थी एक क्यारी,
उससे, एक बड़ी लकड़ी, क्यारी के बाजू में गिर पड़ी,
हाथ में लकड़ियां, बड़ी लकड़ी वो उठा नहीं पा रही,
मैंने वह लकड़ी उठाकर, उसके घर के सामने रखी,
धन्यवाद देकर वृदधा ने आशीष के कुछ शब्द कहे,

भूल गया था इस घटना को, आज स्मरण हो आई,
दिल में दबी जो बात थी, वो आज उजागर हो गई,

ज़रा सोचिए, इन घरों में, इंसानियत कैसे पनपती है?
मुश्किल हालतों में, एक दूसरे की मदद करते है,
पक्की बात है, पानी और भोजन मिल-बांट खाते हैं
मजबूरी ही सही, सुख दुख में साथ ही रहते हैं,

अब दृष्टि डालिए, एक सम्पन्न परिवार की ओर,
सब जन अलग-थलग पड़े, निज जीवन की होड़,
लोभ काम के इस बाज़ार में, सदैव ही फंसे रहें,
अमूमन समृद्धि में, इंसान जानवर से बदतर भये,
साफ सुंदर दिखते है, अंदर की मेल छिपी रहे,

वाह रे कुदरत, ये कैसा है रे तेरा करिश्मा,
वाह रे मेरे मालिक, इंसान है तेरा अजूबा,
कमी में ही इंसानियत की ज़मीन तैयार भए,
हारी बीमारी आपदा में संतों की उत्पत्ति हुए,

कम ही लोग है, जो समृद्धि में इंसानियत न भूले,
उनसे भी विरले है वो, जो मन से गरीब बनकर रहे,
समृद्धि की वजह से, जो इंसानियत की खेती करे,
अजब गज़ब खेती है यह, रूहानियत की फसल उगे,
रूहानियत की फसल उगे ...

****

जीवन चक्र

जन्में मां के आंचल में, प्रेम ही प्रेम तो पाए,
बंदर की तरह उछले कूदे, बड़ा होता जाए,
धीरे धीरे पहचाने, समझे, बुद्धि को दर्शाए,
यौवन आए, आंखों में लाखों सपने सजाए,
पढ़ाई लिखाई करके, जीवन की राह बनाए,

काम काज चालू करे, अपना परिवार बसाए,
ज़िम्मेदारियां बढ़ती जाए, कर्म की धूप तपाए,
जीवन की गर्मी में तप कर, चरित्र कुंदन बनाए,
ज़िम्मेदारी पूरी हो जब, मन शीतल हो जाए,
जैसे कर्म करे हैं अब तक, वैसा ही फल पाए,

संभल के कर्तव्य किए जो, बारिश नया बनाए,
निज स्वार्थ में जीवन जीये, सूखा ही पड़ जाए,
धूप छांव जीवन के अंग, मिश्रित फल भी पाए,
जो भी हो, जीवन की संध्या वेला में प्रवेश करे,

जीवन की शरद ऋतु में, स्वयं आकलन करे,
अकेला आया, अकेला जाऊं, आत्मसात करे,
वैराग्य भाव से जीवन जीवे, शरद पूर्णिमा भये,
मोह लोभ में फंसा रहे तो, बादल नाही छटे,

जीवन की अंतिम वेला में, हेमंत शिशिर आए,
जितना वैरागी बनता जाए, उतना ही सुख पाए,
मोह में जितना फंसे, उतना दुखी हो जाए,

अंत समय में विचार अनुसार, आत्म तीर चलाए,
संस्कार और कर्म जैसे हो, अगली योनि पाए।

****

जल – जीवन की आत्मा

पंद्रह बरस पूर्व, हमने अपना घर खरीद लिया,
दूर दराज, अमीनपुर पंचायती में शहरी इलाका,
सान बानवे से छियानवे के दरमियान बनी बसी,
सिर्फ घर ही घर बनाए, एक भी अपार्टमेंट नहीं,
कुछ एच॰एम॰टी॰ कर्मचारियों ने मिलकर बसाई,
रेल, हवाई यातायात से बीस किलोमीटर से दूर,
हैदराबाद के बसे हुए इलाकों से भी इतनी ही दूर,

उस समय यहां पर दुकानें भी पर्याप्त नहीं थी,
फ़ल, सब्जियां लेने तीन किलोमीटर जाना पड़ता,
कुछ छोटी किराने की दुकानें अवश्य खुली थी,
किराने का बाकी समान भी दूर से लाना पड़ता,
अब यहां पर सब तरह की दुकानें बन गई हैं,
ढाई सौ से भी ज़्यादा पांच मंज़िला अपार्टमेंट हैं,
आस पास, घेरे हुए, दो और कॉलोनी बस गई हैं,
पीछे सुनसान क्षेत्र में तीसरी कॉलोनी बन रही है,
दो तीन साल में, ये जगह पूरी तरह भर जाएगी,
इस ज़मीन का सूनापन, तनहाई दूर हो जाएगी,
यहां, नियति, ने हमको बसाने का फैसला किया,

हम पांच जन, तीन छोटे-छोटे बच्चे, बीवी और मिया,
पुराना बना हुआ घर को ठीक और लीपा पोती करवाया,
आंगन पक्का करवाया, सीमा की दीवारों को चिनवाया,
दूर बसी कॉलोनी, छोटे से घर को रहने लायक बनाया,
परिवार संग, पंद्रह साल कैसे बीते, पता ही नहीं चला,

हैदराबाद में हमें रहते रहते अब ढाई साल हो गए थे,
इससे पहले, चेन्नई शहर, तमिल नाडु में रहते थे,
जल की समस्या चेन्नई में ज़्यादा, हैदराबाद में भी है,
सब जगह सरकार पीने का पानी भी नहीं दे पाती है,
नहाने, धोने, बर्तन, पौधों के लिए, बोरवेल लगवाते हैं,
सभी घरों में और अपार्टमेंट के लिए बोरवेल ज़रूरी है,
इस वजह से हम जल के प्रति, काफी जागरूक थे,
कहीं भी रहने से पहले, पानी की व्यवस्था ज़रूरी है,

इस से पहले जीवन में, जल की समस्या नहीं देखी,
जहां भी रहे, जल-व्यवस्था, अपने जिम्मे नहीं रही,
नियति के फैसले के सामने, हमारी कहां पर चलती?
प्रारब्ध में जो लिखा है, साईं कृपा से पूरा होना है,
ज़्यादा सोचने का समय नहीं था, बच्चे बड़े हो रहे,
घर लेने के बाद, आस पास, स्कूल भी चुनना रहा,
पंद्रह साल कैसे बीत गए, हमें पता ही नहीं चला,

संप होने के बावजूद, पहले साल इस्तेमाल नहीं किया,
छत पर दो टंकियां, एक पीने की, दूजी बाकी घर की,
कॉलोनी से पानी मिलता, सीधा पीने की टंकी में जाता,
वो टंकी भर जाने पर, दूजी बड़ी, घर की टंकी भरता,
उस समय पानी बहुत मिलता, टंकियां दोनों भरती,
साल डेढ़ साल बीत गया, कमी कभी महसूस न हुई,

बाद में पानी कम आने लगा, संप इस्तेमाल करते,
कॉलोनी का पानी, अपने संप में इकट्ठा करने लगे,
ऊपर न भेजने की वजह से, पानी इकट्ठा हो जाता,
साथ ही साथ, बोरवेल का पानी हमने तैयार किया,

पुराना घर था, अनार, नीम और आम के पेड़ लगे,
नीम और आम के बड़े बड़े पेड़, दस साल पुराने,
बड़ा आंगन है, अंदर गमलों में कई पौधे लगाए,
सीमा के दोनों तरफ पांच फुट की क्यारी बनाई,
वहां भी कई पौधे और छोटे-छोटे पेड़ लगाए,

छत पर और टंकी लगवाई, बोरवेल पानी के लिए,
आंगन और अंदर बाहर लगे पेड़ पौधों के लिए,
बोरवेल का पानी ज़रूरत घर में पड़े तो बड़ी टंकी,
या फिर नीचे संप में भी इकट्ठा कर सकते।

इस तरह पानी के कई विकल्प तैयार कर लिए,
पानी कम हो तो, बोरवेल बड़ी टंकी को भर दे,
पीने का पानी कम हो तो, बोतलें ला ऊपर भरे,
बोरवेल में खराबी आए तो, टैंकर को मंगवाए,
पंप खराब हो जाए तो, पानी सीधे ऊपर भेजे,
ऐसे पंप और बोरवेल मरम्मत का समय निकले,
पानी सप्लाइ ठप्प हो जाए, टैंकर से संप भरे,
आपात में, पीने का पानी, पंद्रह दिन तक चले,
पंद्रह साल कैसे बीत गए, हमें पता ही नहीं चला|

****

भारतवर्ष पर.........

दिल का दर्द, ज़मीर की दवा

सदियों से, ये कर्म भूमि, ये देव भूमि, पतन की राह पर चल रही है,
अठारहवीं सदी से, ये हिंदुस्तान, लुट-पिटकर खंडहर में बदल रहा है,
चाहे अंग्रेज़ हों या देशी, राजा कोई भी हो, ज़्यादातर लूट ही चल रही है,
सीख गुरु, कुछ राजपूत, शिवाजी, झाँसी रानी, रंजित सिंह ... और भी रहे है,
संघर्ष की आग भी जली, जो धीरे-धीरे पतन के अंधकार में धूमिल होती रही,

ज़्यादातर, सियासत बेईमान ही रही, जनता का खून चूसती रही है,
सरकारें, आज़ादी से पहले या आज़ादी के बाद में, भ्रष्टाचार करती रही है,

परिवार तितर बितर हो रहे है, मानवी रिश्तों का खिलवाड़ चल रहा रहा है,
समाज के ठेकेदार जाति–मज़हब–भाषा के नाम पर ज़हर उगल रहे हैं,
जिसको बेहोश जनता आँख मूँदकर, अमृत समझकर, गटा–गट पी रही है,
धन्ना सेठ कोठियों में मस्त हैं, अपनी-अपनी तिजोरियाँ गले तक भर रहे है,
जनता आपा-धापी में व्यस्त त्रस्त है, सुकून चैन की व्यर्थ खोज कर रही है,

कुछ दशकों से, लोभ-लालच सिर चढ़कर बोल रहे हैं,
वहशत का बाज़ार गर्म है, चौगुनी तरक़्क़ी कर रहा है,
धर्म स्थलों पर, सिर्फ़ बाज़ार, लेन-देन ही दिख रहा हैं,
ईमान तो है, पर ईमानदारी दिख नहीं रही है,
इंसान तो हैं, पर इंसानियत नहीं दिख रही है,
इंसानियत हो या ईमानदारी, सब बाज़ार में बिक रही है,

अब, कई वर्षों से, अर्थ-व्यवस्था चरमरा रही, ICU में जा रही है,
जो सिर्फ, IT-ITES-Software इंडस्ट्री के दम पर, प्रगति कर रही है,
कुदरत भी नाराज़ है, global warming इंसानों को नरक में धकेल रही है,
रही सही कसर, ये महामारी निकाल रही है, कइयों की क़मर टूट रही है,

बनिए का व्यापार जैसे तैसे चल रहा है,
मज़दूर हैं, पर मजदूरी नहीं मिल रही है,
कामगार हैं, पर काम नहीं मिल रहा है,
कलाकार हैं, पर कद्रदान नहीं है,
पढ़े-लिखे हैं, पर नौकरियाँ नहीं हैं,
कारीगर हैं, पर ग्राहक नहीं हैं,
दुकानें हैं, पर वीरान जी रही हैं,

सरकारें भी ठीक से बता नहीं पा रही हैं,
डर हैं कि, कहीं दहशत ना पसर जाए,
ख़बर देने वाले, जनता को भरमा रहे हैं,
तरह-तरह के मुद्दे, फिज़ूल के, उछाल रहे हैं,

ऐसे में

पढ़ा-लिखा हो या अनपढ़, शहरी हो या गंवार, अंधकार ही देख रहें हैं,
जनता हैरान होकर परेशान होकर, अंतस से चीत्कार कर रही है,
क्या कोई रोशनी है? कहीं कोई रोशनी है क्या?

इस गहराते अंधकार से, जी बहुत घबरा रहा है,
क्या कोई रोशनी है क्या? कहीं कोई रोशनी है क्या?

अंदर से एक आवाज़ आई, एकदम नई-नई

मत घबरा, तू मत घबरा, ओ झुज्जार, जाग जा,
पीढ़ियों से सोये हुए, अपने ज़मीर को जगा,
धैर्यवान बन, परिस्थितियों से झूज, बस ज़मीर की सुनता जा,
ओ झुज्जार, मत घबरा, तू मत घबरा, बस अपने ज़मीर की सुनता जा,

ये गहराती रात्रि कट जाएगी, नया सवेरा भी आ जाएगा,
ये कालिमा छंट जाएगी, सुबह की लालिमा भी आ जाएगी,
तब तक, ज़मीर के ताप से, बाहर की मनहूसियत को मिटाता जा,
बन जा तू झुज्जार, झूजता जा, बस अपने ज़मीर की सुनता जा,

परिस्थितियों से झूज, जूझने वाले मझदार में नहीं डूबते,
भरोसा रख, तेरा खुदा तुझे तेरा किनारा दे ही देगा,
बन जा तू झुज्जार, झूजता जा, बस अपने ज़मीर की सुनता जा,

ये तो कालचक्र है, ये तो ऐसे ही चलता रहता है,
कितने जन्मो, कितने नज्मों से, तू ये खेल खेल रहा है,
तेरा ज़मीर कर्मों की ताप से, धर्म की छाया में, संघर्ष से,
पला-बढ़ा है, पोषित हुआ है, तेरे अंतस में है वो, तू मत घबरा,
बन जा तू झुज्जार, झूजता जा, अपने बस ज़मीर की सुनता जा,

कभी अपनो में प्यार है, तो कभी रिश्तों का व्यापार है,
कभी मायूसी का अंधेरा है, तो कभी उम्मीदों का सवेरा है,
मत घबरा, तू मत घबरा, ओ झुज्जार, तू जाग जा,
बन जा तू झुज्जार, झूजता जा, बस ज़मीर की सुनता जा।
बस अपने ज़मीर की सुनता जा।

****

अपने सपनों का भारत – एक परिकल्पना

ख़याल आया, के कुछ लिखूँ, फिर ख़याल आया की कुछ देखूँ,
नहीं नहीं नहीं, ख़याल ये है, की जो देखूँ वो ही लिखूँ।

आज से बीस- पच्चीस बरस आगे, २०४०- ४५, की ये परिकल्पना है,

महामारी के ढाई बरस, एक बुरे सपने की समान बीत गए थे,
इसका असर पाँच बरस तक और रहा था।

इस महामारी ने, हिंदुस्तान को ऊपर से नीचे तक, बाए से दाएं तक,
समाज के सब वर्गों को, समाज के सब उद्योगों को, झिंझोड़ के रख दिया था,
समाज का मध्य वर्ग, चरमरा गया था, कई बरस तक उबर नहीं पाया था,
शहरी अर्थ- व्यवस्था डगमगा गई थी, सिर्फ I०T० और Software चल रहे थे,
शहरी व्यवस्था पर दूरगामी प्रभाव हुआ, ज़्यादातर खरीदी online हो गई है,
इससे बाज़ारों पर काफी गहरा असर पड़ा है, कई दुकानें बंद हो गई थी,
कई घर किराएदार के इंतज़ार में लंबे समय तक खाली रहे थे,
कई दुकानें भी लंबे समय तक खाली और बंद रही थी,
इस परिस्थिति से निकालने में ५ बरस के लगभग लग गए थे।

उसके बाद सुधारों का दौर आया, जैसे देश में नई चेतना फूँक दी गई है,
जनता जागरूक हो रही थी, और सरकार और जनता में विश्वास बन रहा है,
इसमें कृषि, श्रमिक और वित्त व्यवस्थाओं को प्राथमिकता दी गई है,
स्वास्थ्य, पुलिस, आयकर और शिक्षा, ये भी पीछे नहीं रहे है,
दो-तीन पीढ़ियों की यात्रा और है, पर शुरुआत अच्छी हुई है,
अखबारों में पक्ष-विपक्ष का विरोध और तना तनी बर-करार है,
जनता के जागरूक होने से, ये वाद-विवाद भी बदल रहा है,
शायद एक समय आ जाए, ये वाद-संवाद में परिवर्तित हो जाए।

कृषि व्यवस्था में, बीचोलियों से छूट, किसान खुशहाल दिख रहा है,
किसान अब सीधे, उद्योगों से क़रार करके, अब बेहतर दाम पा रहें है,
कृषि संघटनों की वजह से, अब कृषि उत्पादन बढ़ रहा है,
धीरे-धीरे धरती माँ की खोई हुई उपजाऊ माटी लौट रही है,
और अब किसान की कमाई का एक कुछ हिस्सा निर्यात से है,
अब किसान को अपनी आय आयकर विभाग को बतानी है,
और उस आय पर, अब उपयुक्त कर लगाया जा रहा है,
अब ज़्यादातर गाँव में, आय और आयकर जमा करना, सरल है,
सब प्रान्तों में नहीं हो रहा है, विरोध अभी भी चल रहे है,
ये लहर रुकने नहीं वाली, बस एक-दो पीढ़ी की देरी है।

श्रमिक व्यवस्था में पर्याप्त सुधार कर कानून लागू हो गए है,
कुछ प्रान्तों में ही सही, यूनियन की भागीदारी से चल रही है,
यूनियन और पूंजीपति के बीच वाद-संवाद सकारात्मक हो रहा है,
ऐसा नहीं, की विवाद नहीं है, त्रैमासिक बैठकों में हल भी मिल रहे है,
जो नहीं सुलझे, वे श्रमिक न्यायपालिका में भी सुलझ रहे है,
यूनियन और पूंजीपति में एक आपसी विश्वास बढ़ रहा है,
सियासत फिर भी लगी हुई है, जोड़-तोड़ के पैंतरे खेल रही है,
जागी हुई जनता के कारण, ये पैंतरे कम सफल हो रहे है,
धीरे-धीरे ही सही, एक न्याय-संगत श्रमिक व्यवस्था निर्मित हो रही है।

वित्त व्यवस्था में सुधार तो दो दशकों से चल रहे है,
तकनीकी करण से ये व्यवस्था सरल भी हो रही है,
शहरी मजदूरों की सूचियाँ संचालित हो रही है,
शहरी प्रशासन में मजदूरों की व्यवस्था बन रही है,
छोटे-छोटे व्यापारियों, पारिवारिक व्यवसाय, छोटी वर्क शॉप,
के पंजीकरण हो रहे है, उनकी एक न्याय व्यवस्था बन रही है,
इनको बैंकों से लोन भी मिल रहे है, पंजीकरण के आधार पर,
छोटे-छोटे उद्योग को खोलने का उत्साह बढ़ रहा है,
प्रोत्साहन के लिए, शुरु में आयकर से छूट भी मिल रही है,
इस तरह एक कुव्यवस्था, सुव्यवस्थित हो रही है।

महामारी के कुछ बरस बाद, स्वास्थ्य व्यवस्था सुधर रही है,
पुराने, सड़े-गले MCI के कानून रद्द कर दिये गए है,
अब १०५ एकड़ की ज़मीन पर मेडिकल कॉलेज खुल सकता है,
एक साल में १५०० छात्र भरती किए जा सकते है,
इससे मेडिकल शिक्षा की कालाबाजारी चरमरा रही है,
शहर-शहर में नए-नए मेडिकल कॉलेज खुल रहे है,
इससे डॉक्टरों की कमी भी पूरी हो रही है,
सिर्फ डॉक्टरी ही नहीं, डिप्लोमा पढ़ाई भी हो रही है,
दसवीं पास नर्स, कंपाऊँडर और मेडिकल सहायक बन रहे है,
कई दशकों से भारत से दवाइयों का निर्यात हो रहा है,
ये निर्यात कई गुना बढ़ा है, भारत की प्रतिष्ठा दुनिया में बढ़ रही है।

सबसे कारगर और दूरगामी सुधार पुलिस प्रशासन में हो रहे है,
सरकारी गृह योजना के अंतर्गत पुलिस कालोनी बन रही है,
सरकारी शिक्षा योजना के अंतर्गत पुलिस स्कूल भी बन रहे है,
पुलिस प्रशिक्षण का आधुनिकरण भी चल रहा है,
पुलिस व्यवस्था अब स्वतंत्र कानून के आधीन है,
डॉक्टरी, इंजीन्यरी के संग पुलिसीया नौकरी का रुतबा बढ़ रहा है,
समाज में उनकी, रक्षक बनकर, असली इज्ज़त बढ़ रही है,
आत्म-सम्मान बढ़ा और भ्रष्टाचार शनैः शनैः कम हो रहा है,
बड़े शहरों में लागू हुआ है, छोटे शहरों, गांवों तक पहुँच ही जाएगा।

आयकर विभाग का आधुनिकरण तो दशकों से चल रहा है,
आयकर क़ानूनों की पेचीदगियाँ भी कम हो रही है,
आधुनिकरण कि वजह से भ्रष्टाचार भी कम हो रहा है,
विवाद का निपटारा, आधुनिक तरीके से संभव हो गया है,
अन्यथा आयकर न्याय पालिका से निश्चित समय में समाधान हो रहा है।

शिक्षा व्यवस्था में भी सकारात्मक परिवर्तन हो रहे है,
नागरिक पंजीकरण से मुफ्त एवं रियायती शिक्षा ज़रूरतमंदों को पहुँच रही है,
तकनीकी और मेडिकल डिप्लोमा माध्यमिक शिक्षा वाले प्राप्त कर रहे है,
तकनीकी और मेडिकल सुविधाएं की पहुँच और गुणवत्ता में बढ़ोतरी हो रही है,
उच्च माध्यमिक शिक्षा की मारा-मारी कम हो रही है,
उच्च माध्यमिक शिक्षा वाले ऑफिस वर्क में प्रशिक्षण ले रहे है,
इससे दोनों वर्ग कामगार और कारोबार को फ़ायदा पहुँच रहा है,
कॉलेज शिक्षण के लिए मेधावी और तेजस्वी छात्र ही जा रहे है,
इससे शिक्षण और रोजगार में, एक संतुलन बन रहा है,
ये लंबी यात्रा है, कई पीढ़ियों की, पर एक अच्छी शुरुआत है।

नागरिक सशक्तिकरण भी पूर-ज़ोर बढ़ रहा है,
नागरिक पंजीकरण, आधार कार्ड से बैंक खाते जुड़ गए है,
नागरिक के सामाजिक वर्ग की सूचियाँ संचालित हो रही है,
इससे सरकारी योजनाएँ और रियायतें सही लोगों तक पहुँच रही हैं,
प्रशासन तंत्र के आधुनिकरण से, नागरिक चैन की सांस ले रहे हैं,
कई सरकारी काम-काज निश्चित अवधी में पूर्ण हो रहे हैं,
नागरिक अब समाज में अपनी हिस्सेदारी महसूस कर रहे हैं,
उन्हें अपने भारतीय होने पर गर्व महसूस होने लग रहा है।

ऐसा नहीं है की सब कुछ स्वर्णिम हो गया है,
लूट-पाट, चोरी-चकारी, हत्या और बलात्कार भी हो रहे हैं,
ये ज़रूर है, की इन अपराधों में कमी हो रही है,
दोषियों को पकड़ा भी जा रहा है, रसूख वाले दोषी छूट भी रहे हैं,
रिश्वत-खोरी, काला-बाज़ारी और भ्रष्टाचार भी चल रहा है,
जनता की जागरूकता, एक अंकुश का काम कर रही है,
सियासत की फितरत तो कभी बदलेगी नहीं,
वे तो फिरकापरस्त और मौका परास्त ही रहेंगे,
लेकिन चुनावों के नतीजों में सुधार धीरे-धीरे हो रहा है,
जनता की जागरूकता, एक लगाम की तरह है,
काफी जुलूस और आंदोलन होते रहे हैं,
जिनमें छुट-पुट हिंसक घटनाएँ भी होती हैं,
प्रशासन की मुस्तैदी और जनता में बढ़ते विश्वास,
से ये स्थितियाँ शीघ्र ही सामान्य हो रही हैं।

जनता का जागरूक रहना अति-आवश्यक है,
अन्यथा राजनेता फिर समाज को विभाजित कर देंगे,
और समाज फिर से टूटने और बिखरने लगेगा,
अब ये जनता पर ही निर्भर है, आगे समाज कैसे पनपेगा,
क्या ये सकारात्मक शुरुआत बढ़ती रहेगी?
या फिर, पुराने दिन वापिस आ जाएंगे?
ये तो वक्त ही बताएगा, अभी तो सब अच्छा लग रहा है।

****

बुरा मैं क्यों ना मानूँ

महामारी की दूसरी लहर ने देश को हिला ही दिया है,
जिधर देखो उधर दुख, दरद् और विनाश का ही मंज़र है,
नीचे व्यंग्यात्मक शैली में ज़रूर लिखा है,
पर दिल का दरद् सोलह आने सच है,

अस्पताल में जगह की जमाखोरी हो रही है,
धन्ना सेठ, रसूख वाले जगह मोल ले रहे है,
कोई मोटी रकम देकर, तो कोई डरा- धमका रहे है,
इस काला बाज़ारी में अस्पताल का दोष कम है,
जान माल का डर तो सभी को है,
इन सब के घर- परिवार भी है, मजबूर है,
इनको रहना इसी समाज में है, बेचारे है,
महकमा भी इन तक नहीं पहुँच सकता है,

अरे, धन्ना सेठ और रसूखदार देश के लिए ज़रूरी है,
इनकी सेवा में अस्पताल तो क्या, पूरा देश भी कम है,
समझो तो, बगैर इनके तो देश अनाथ ही हो जाए है,
समझो तो, अब तक नहीं समझे, तो कब समझोगे?
बुरा ना मानो महामारी है,

दवाई विक्रेता भी जमाखोरी कर रहे है,
इस आपात काल में, मुनाफा ज़्यादा है,
ये भी तो बाज़ार का ही एक धन्दा है,
कई भारी मुनाफे के लिए कर रहे है,
कई बाज़ारी दबाव की वजह से कर रहे है,
कुछ एक ही शायद ईमानदारी बरत् रहे है,
कर्मचारियों को दोष मत देना दोस्त,
मालिकों का आदेश पालन ही कर रहे है,
इनको भी अपनी नौकरियां प्यारी है,
इस खौफ़ के माहौल में घर भी चला रहे है,

अरे, काला बाज़ारी की तो लंबी परंपरा रही है,
कहीं भी भारी ज़रूरत हो, यहां जमाखोरी होती है,
काला बाज़ारी और मुनाफाखोरी भी होती है,
राज नेताओं और रसूखदारों से ही तो सीखे है,
समझो तो, अब तक नहीं समझे, तो कब समझोगे?
बुरा ना मानो महामारी है,

जो परिवार इस महामारी से संक्रमित होते है,
उनके परिजनों के तो होश ही उड़ जाते है,
दुआ करते हैं सब अपने दिलों की गहराई से,
कहीं कोई ज़्यादा बीमार ना पड़ जाए,
अभिशाप है, ज़्यादा बीमार होना इस समय,
कहीं अस्पतालों में जगह भी ना मिल पाए?
रात-दिन इलाज को भागा- भागा ना फिरना पड़े?
अस्पताल में कहीं ऑक्सिजन ना मिल पाए?
मर्ज और बिगड़ा तो, खास दवाई ना मिल पाए?
अस्पताल वाले तो कुछ भी नहीं कर सकते हैं,
बेचारे ऑक्सिजन और दवाई थोड़े ही बनाते हैं,

किस्मत अच्छी हुई तो, मरीज़ ठीक हो जाते हैं,
किस्मत खराब हुई, तो मौत को गले लगा लेते हैं,
श्मशान और कब्रिस्तान भी हाउस फुल हो गए हैं,
जैसे की कोई खौफनाक चलचित्र चल रहा है,
अंतिम यात्रा ना हो पाए, ये अकाल्पनिक नहीं है,
कड़वी सच्चाई है ये, इसकी खबरें भी आती हैं,
कितनी भी छिपाई जाए, खबर बन ही जाती है,

अरे, आम आदमी हो तुम, खास तो नहीं बन सकते?
खबरें जो छप ही रही तुम्हारी, हल्के में ना आंको इसे,
शोर मच रहा है इतना, प्रशासन भी अब चुप बैठा है,
इससे ज़्यादा नहीं मिलेगा, इसी में ही संतुष्ट रहना है,
समझो तो, अब तक नहीं समझे, तो कब समझोगे?
बुरा ना मानो महामारी है,

सरकारी खजाने से पैसे खाए जा रहे हैं,
किसी तरह की कोई जवाबदेही नहीं है,
अस्पताल, दवाई और मास्क कम पड़ हैं,
इनके नाम से ज़्यादा पैसे मांग रहे हैं,
महामारी की वैक्सीन पर घपला हो रहा है,
राजनेता और भाई- भतीजा मिल कर खा रहे हैं,
सुरसा की तरह मुंह बाए, डकार भी नहीं ले रहे हैं,
अभिनय ऐसा करते हैं, कि जनता का हित करते हैं,
कोरी सियासत कर करके, सत्ता पर काबीज रहते हैं,

अरे, राजनेता और चेले चपाटों का काम तो खाना ही है,
समझो तो, नाहीं खाएंगे तो बेचारे बीमार ना हो जाएंगे,
देश को फिर कौन चलाएगा, इस देश को कौन बचाएगा,
समझो तो, अब तक नहीं समझे, तो कब समझोगे?
बुरा ना मानो महामारी है,

ये तो राष्ट्रीय नेताओं की भारी चूक ही है,
महामारी की दूसरी लहर की सटीक चेतावनी थी,
आँख मूंदकर बैठे थे, सत्ता के नशे में मद-मस्त थे,
पहली लहर की तरह ही कोरी राजनीति में व्यस्त थे,
आग लग गई है तो, अब बुझाने में व्यस्त हैं,
कहते नहीं की, आग लगने से बच भी सकती थी,
जनता की भी गलती है, ३-४ मास से खुल गए थे,
जैसे की महामारी अब खत्म हो गई हो?
क्या दुनिया भर में दूसरी लहर नहीं आई थी?
विकसित देशों में भी विनाश-लीला नहीं रचाई?
अरे, ये राजनेता क्या खाक सुधरेंगे?
अगले चुनाव की तैयारी में जुट जाएंगे,
ये निद्रा-मग्न जनता भी क्या सुधर पाएगी?
क्या इन बेमुरव्वत नेताओं को भूल जाएगी?
उम्मीद मुझे कम है, दूसरी लहर थम रही है,
जीवन की आपा धापी में, जनता व्यस्त हो जाएगी,
शातिर राजनेता फिर से अपनी कलाकारी दिखाएंगे,
जनता को ऊल-जलूल के मुद्दों में फिर उलझाएंगे,
जब तक की तीसरी लहर ना आएगी,
बहरे हैं हम सब, दस्तक ना सुन पाएंगे,
समझो तो, अब तक नहीं समझे, तो कब समझोगे?
बुरा ना मानो महामारी है,

मत कहो मुझे की, 'बुरा ना मानो महामारी है'
क्या जो पीड़ित है, जो गुज़र गए है,
बिलखतों को छोड़ गए जो, उनसे कोई संबंध नहीं है?
हम सब के तार जुड़े हुए है, दर्द तो होता ही है,
कुछ दुनियावी, कुछ रूहानी और सब इंसानी तार है,
क्या दूधवाले, दुकानदारों से कोई संबंध नहीं?
क्या चाय वाले, चाट वाले, मिठाई वाले से संबंध नहीं?
क्या दूर-दराज के रिश्तेदारों से कोई संबंध नहीं?
क्या मित्रों और दुश्मनों से भी कोई संबंध नहीं?
क्या इंसानी पीड़ा, दुख दरद् महसूस न करूँ?
हम सब के दिलों के तार जुड़े है, एक ही आत्मा है,
कुछ गहरे है, कुछ हल्के है, तार तो फिर भी सभी से हैं,
इस महामारी में ये तार झंकृत हो रहे हैं,
दुःख का संगीत दिल में बजा रहे हैं,
इंसानी मूल्यों की याद दिला रहे हैं,
फिर भी बाहिर आंसू नहीं टपकते हैं,
दिल भी कितना पत्थर का बन गया है,
बस इस स्थिति पर शर्मिंदा हो सकता हूँ,
जो चपेट में आ गए, वो चपेट में आ गए हैं,
जाने वाले तो गुज़र गए, पीछे दुखियारे छोड़ गए हैं,
बस दुआ ही कर सकता हूँ, कि सब सुरक्षित रहें,
कोई बीमार हो भी जाए, तो इलाज ठीक से हो जाए,
दुर्भाग्य वश कोई परलोक सिधार भी जाए,
तो उनके परिजनों को धैर्य और हिम्मत मिले,
ज़िंदगी जीने की शक्ति मिले, जिम्मेदारी पूरी करे,

मत कहो मुझे की, 'बुरा ना मानो महामारी है',
पत्थर दिल हूँ, मानता हूँ, फिर भी दुःख महसूस करता हूँ,
रहमत है उस परवरदिगार की, जिसने ये सब लिखवा दिया,
इंसानी संबंध, आत्मीय नाता और मूल्यों की याद दिला गया,
अब बताओ, बुरा मैं क्यों ना मानूँ? बुरा मैं क्यों ना मानूँ...

****

तकनीकी युग बनाम लोभ-काम

तीन सदियों से लोभ-काम के बादल मंडरा रहे हैं,
कल पुर्ज़ों के इस युग में, आँधी तूफान मचा रहे हैं,
जन-जन के हृदय पटल पर आसन जमा रहे हैं,
हिप्पियों का स्वच्छंद जीवन लक्ष्य बना लिया है,
दशकों से मानवों के झुंड, इसमें फाँसे जा रहे हैं,
वहशत के क्रूर व्यापारी, नंगा बाज़ार चला रहे हैं,
शातिर दिमाग, पैनी नज़र, सतत ललचा रहे हैं,
स्वार्थ को परमार्थ बना, जन-जन को बेच रहे हैं,
निजता को स्वत्व बनाकर, ये जहर पीला रहे हैं,
लोभ-काम के जलसे में, लोग जश्न मना रहे हैं,

बीत गए वो दिन, जब सब साथ बैठ कर खाते थे,
एक दूसरे को हाल बताकर, दिल की बातें करते थे,
बीत गए वो दिन, जब रिश्तों की पकड़ मजबूत थी,
सुख दुख में साथ खड़े, जीने की शक्ति बनती थी,
ऐसा नहीं था कि, आपसी मन-मुटाव नहीं होते थे,
कलह-विवाद भी होते थे, लोग अलग भी होते थे,
फिर भी सामाजिक ढांचे में, परिवार जुड़े रहते थे,

हथियार उत्पादक, तेल उत्पादक, दवाई उत्पादक,
अनाज उत्पादक, बीज उत्पादक, खाद उत्पादक,
ये सब जमाखोरी और मुनाफाखोरी ही कर रहे हैं,
जन हित का दम भरते हैं, करते लूट पाट ही हैं,
ये स्वार्थ और लूट पाट सब जगह फैल चुकी है,
पुलिस, कानून, अर्थव्यवस्था, स्वास्थ्य व्यवस्था,
ज़िंदगी के हर क्षेत्र में, ये बीमारी फैल चुकी है,

पीस-पीस काम करवायें, सुनहरे सपने दिखलाए,
मनोरंजन, नशा, चकाचौंध जन जन को भरमाए,
रोज़-रोज़ पिस-पिस कर, चकाचौंध से अंधे होकर,
भागे सब पैसे के पीछे, मारे मानवता को ठोकर,

माता, पिता, भाई, बहन, सब रिश्ते हुए तार-तार,
लोभ-काम के चक्रव्यूह में, पैसा है सब की सरकार,
वहशत का बाज़ार गरमाए, बिक रहें देखो जन जन,
परिवार बिखर गए चहु ओर, बन जाए भाई दुश्मन,
टूट गए सब रिश्ते नाते, कोरे स्वार्थ में ढूंढे अर्थ?
मान-मर्यादा रखे ताक पर, भूल गए सब परमारथ,

तकनीकी युग के नाम पर, स्वार्थ ही बेच रहे हैं,
जन जन को देखो तो, स्वार्थ को गले लगा रहे हैं,
लोभ-काम को अपना, अपनी मनमानी कर रहे हैं,
बच के रहना लोभ-काम से, फिर पाछे पछताओगे,
बिगड़ जाएगा पूरा जीवन, उसे संवार नहीं पाओगे,

लोभ-काम में फंस प्राणी, जोखिम बड़ा उठाए है,
लोभ-काम पूरा होवे तो, लोभ-काम बढ़ जाए है,
अग्नि में जैसे घी डाले, ज्वाला भड़के जाए है,
लोभ-काम पूरा ना हो तो, क्रोधाग्नि जलाए है,
काम-क्रोध-लोभ के अंध कुएं में गिरता जाए है,
इस कुएं के अंधकार में, रौशनी नहीं जा पाए है,
जो भी इसमें फंस जाए, लंबी सज़ा वो पाए है,
दूर रहकर परिजनों से, अंधा-बहरा बन जाए है,
सुने नहीं किसी को भी, गर्द में गिरता जाए है,
जलता है इस नरक में, स्वर्ग इसे समझता है?
ऐसा जीवन जी जीकर, कीमत बड़ी चुकाता है,

मानसिक रोग लग जाए, ऐसा अकसर होता है,
नशे की लत भी पड़ जाए, ये भी देखा जाता है,
बढ़ जाए ये रोग-नशा, जन बेकाबू हो जाता है,
गलत रास्ते पर चलकर, चोरी चकारी करता है,
बरबादी की राह पकड़कर, बर्बाद ही हो जाता है,
रोते रहते है परिजन, कुछ भी नहीं कर पाते हैं,
जीवन भर का दंश लिए, दुख के घूंट पी जाते हैं,

ऐसी हरकतें देख देख, प्रकृति सक्रिय हो जाएगी,
प्रकृति का काम यही है, जग संतुलित बनाएगी,
भटके हुए मानवों को सबक ज़रूर सिखलाएगी,
मूक नहीं रह सकेगी वो, विनाश लीला रचाएगी,
आँधी, सूखा, बाढ़ और भूकंप के रूप में आएगी,
महामारी के रूप में, इंसानों की औकात जताएगी,
तांडव कर हाहाकार मचा, प्रकृति कहर बरपाएगी,

मत कहना की ये महामारी इंसानों की ईजाद है,
लोभ स्वार्थ मद में चूर, प्रकृति से खिलवाड़ करै,
भस्मासुर बन मचे तबाही, काहे तू छेड़छाड़ करै?
ए महान मूर्ख मानव, तू जुदा नहीं है प्रकृति से,
जिस भावना से आओगे, वैसा ही रूप दिखाएगी,
विजय पाना चाहो इसपर, उलटे मुंह की खाओगे,
अर्श से फर्श पर जा गिरोगे, चकनाचूर हो जाओगे,

प्रकृति का संकेत समझ, अब तो सचेत हो जाओ,
नियत साफ कर लो, शुभ आचार विचार अपनाओ,
प्रकृति ने सब कुछ दिया, किस भ्रम में जीते हो?
घर, हवा और खाना-पीना इसी कोख से पाते हो,
जन्म इसी से लेते हो, अंत इसमें मिल जाते हो,

सुधरे नहीं रे मानव, बने और विषैले हथियार,
कितनी और महामारी फैलाए ये खूनी व्यापार?
कहीं ऐसा न हो की, धैर्य का बांध ही टूट जाए?
विकराल वीरभद्र रूप में, सामूहिक नरसंहार करे?
मूर्ख मानव, समय है, समझो और संभल जाओ,
मौका और नहीं मिला, समूल नष्ट न हो जाओ?

तकनीक के उपयोग से सब जीवों का भला करो,
प्रकृति की सहमति लेकर धीरे धीरे आगे बढ़ो,
लोभ-काम को भूल जा, प्रकृति की है सब देन,
सम्मान करो अपनी मां का, पाओगे सुख चैन,
लोभ-काम से हट जाओ, संतोष जैसे धन पाओ,
जीवन सुंदर बनाओ रे, मानव धर्म को अपनाओ,
त्याग-कर्तव्य भाव को, दिल में फिर से जगाओ,
कर्म योगी बन रे मानव, जन सेवा में लग जाओ।

****

मत कहो मुझे

मशीनों के संग जी जीकर, मशीन ही बन रहे हैं,
खुद भी घिस-घिस कर, मशीन की तरह जिया है,
अपने करीबी जनों को मैंने मशीन बनते देखा है,
उनके अंदर की इंसानियत का दम घुटते देखा है,
मत कहो मुझे, हम तरक्की कर रहे हैं,

कल पुर्जों के इस युग में, इंसान पुर्ज़ा मात्र ही तो है,
पुर्ज़ा खराब हो जाए तो कबाड़ी मोल कर ले जाता है,
खराब इंसान हो जाए तो, कबाड़ नहीं बेकार होता है,
सड़क पर आ जाए बेचारा, सर्वत्र ही दुत्कारा जाएगा,
तादाद ज़्यादा है न, कोई और ही मशीन बन जाएगा,
मत कहो मुझे, हम तरक्की कर रहे हैं,

बच्चों के जीवन में अब कई-कई माँ बाप होते हैं,
माँ के प्यार, पिता के साये से वंचित हो रहे हैं,
आज बच्चे मशीनों की छत्र-छाया में पल रहे हैं,
ज़िंदगी के लिए, मशीन बनने की तैयारी में हैं,
कोई आश्चर्य नहीं, जो बच्चे रिश्ते नकार रहे हैं,
मत कहो मुझे, हम तरक्की कर रहे हैं,

क्या लड़का और लड़की का एक ही संबंध होता है?
क्या माता-पुत्र, पिता-पुत्री, भाई-बहन में प्यार नहीं है?
इस समय तो पुत्र, पुत्री और बहनें सब बिक रहे हैं,
माँ-बाप बिकते नहीं तो, सड़क पर निकाले जाते हैं,
मत कहो मुझे, हम तरक्की कर रहे हैं,

भाड़ में जाए मानवता, मशीनें निर्मित हो रही हैं,
धीरज, संतोष, ईमान, मेहनत का अब मोल नहीं है,
कुछ भी करके, पैसे पाने है, बस इसी का मोल है,
जालसाज़ी, कपट, भ्रष्टाचार, धोखा-धड़ी जायज़ है,
आपसी होड़ में, महत्वाकांक्षाएं दिलों पर हावी हैं,
लोभ, तनाव और भाग-दौड़ से भरा जीवन ही है,
मत कहो मुझे, हम तरक्की कर रहे हैं,

धर्म का बाज़ार, व्यभिचार धड़ल्ले से चल रहा है,
धर्म का नाम लेकर, कोरा पाखंड ही बिक रहा है,
कुटिल वाचाल पाखंडी, आश्रमों में मौज कर रहे हैं,
सुकून चैन की चाहत में जन-जन शोषित हो रहे हैं,
राजनेताओं की पैनी नज़र इन श्रद्धालुओं पर है,
धर्म-स्थलों, आश्रमों पर गिद्ध की नज़र रखते हैं,
जाने कब राजनीति करने का मौका मिल जाए?
वोट बटोरे, पैसे लूट ले और छवि चमका ले?
मत कहो मुझे, हम तरक्की कर रहे हैं,

बच्चे मनोरंजन और चकाचौंध के नशे में बंद हैं,
यांत्रिक जीवन से अपने ही विचारों की कैद में हैं,
जैसे की इंसान मशीनों की पहली नस्ल बन रही है,
आगे इंसानों और मशीनों में फर्क नहीं दिख पाएगा,
कहीं जन्म लेते ही, इंसान मशीन से न जुड़ जाएं?
इंसान का नाम मिटे और सिर्फ नंबर न रह जाएं?
कहीं जनम-मरण भी मशीनें ही न निर्धारित करे?
मत कहो मुझे, हम तरक्की कर रहे हैं।

****

शुक्रिया

शुक्रिया करो कि अपने-अपने घर में महफ़ूज़ बैठे हो,
शुक्रिया करो, कि मन-पसंद भोजन खा पा रहे हो,
शुक्रिया करो, कि मन-पसंद मनोरंजन कर रहे हो,
इस महामारी में, तुम एक खुश ज़िंदगी जी रहे हो,
अतिशयोक्ति नहीं है, तुम तो लाखों से बेहतर हो,

कइयों को मनपसंद भोजन नहीं मिल रहा है,
कइयों को रूखा सूखा भोजन ही प्राप्त हो रहा है,
मानसिक पीड़ाओं से सब बेचारे ग्रस्त हो रहे हैं,
कइयों को भूखे पेट ही सो जाना पड़ रहा है,
मानसिक शारीरिक पीड़ाओं से ये बेचारे त्रस्त हैं,
खुदा न करे, किसी को पीने को पानी भी न मिले,
ज़िंदगी इतनी दूभर हो कि मौत को लगा ले गले?

कुछ कर सकते हो तो करो इन दीन-हीनों के लिए,
नहीं कर सकते, तो स्थिति समझ प्रेम से पेश आइये,
इबादत में एक दुआ इनके लिए भी कर लीजिये,

मनीष प्रकाश जैन

शुक्रिया उस दूध वाले का, जो साल भर दूध देता रहा,
शुक्रिया उस सब्जी वाले का, जो जोखिम उठा है रहा,
आस-पास के गाँव से भी गरीब सब्जियां ला है रहा,
तुम्हारे घर दरवाज़े पर, साग-सब्जियाँ पहुंचा है रहा,
शुक्रिया करो उन वाहन चालकों का, जो मीलों रोज़ चलते हैं,
सब सुविधाओं का सामान, तुम्हारे द्वार पर पहुंचाते हैं,
झल्ला जाते हैं देखकर, की मास्क ठीक से नहीं पहना है,
माहौल ही ऐसा, की चाय – पानी भी नहीं पीला सकते,
ये भी तो इंसान है, क्या करें? इंसान को इंसान परहेज़ है,
खौफ उसको भी है, बेचारा मर जाएगा बगैर रोटी के,
इसको दोष ना दो, महामारी इसने नहीं फैलाई है,
दोष तो निजाम का, जो हुक्का-तंबाकू पीए हुए है,

शुक्रिया करो उन असंख्य व्यापारियों का,
शुक्रिया करो उन असंख्य कारोबारियों का,
मजबूरी ही सही, ज़रूरत की चीज़ें तो बना रहे है,
ज़रूरत का समान तुम तक तो पहुंचा रहे हैं,
रोज़ की रोज़ ये बाहर काम पर निकलते हैं,
रोज़ की रोज़ ये सब जोखिम उठा रहे हैं,
इनको दोष ना दो, महामारी इन्होंने नहीं फैलाई है,
दोष तो निजाम का, जो हुक्का-तंबाकू पीए हुए है,

शुक्रिया करो स्वास्थ्य कर्मचारियों और डॉक्टरों का,
जो रात दिन लगे हुए हैं, कई तो गुज़र गए हैं,
लूट-पाट, जमाखोरी का इल्ज़ाम इन पर मत लगाना,
कमा रहा कौन भारी मुनाफा, मुश्किल है पता लगाना,
अनुमान सबको है, जनता को सब पता रहता है,
लाचार है, बेचारा है, चुप-चाप भुगतते - सहते हैं,
इनको दोष ना दो, महामारी इन्होंने नहीं फैलाई है,
दोष तो निजाम का, जो हुक्का-तंबाकू पीए हुए है,

कहने को तो लोकतन्त्र है, पर आवाज़ कहाँ है जनता की,
समाचारों के कान-फोड़ शोर में, सच्चाई है दबी - ढकी,
सिर्फ दिल्ली और मुंबई में समस्या थोड़े ही है,
बाकी शहरों की तो जैसे कोई खबर बनती नहीं है,

शुक्रिया करो सरकारी कर्मचारियों, जो अथक काम करते हैं,
देश की व्यवस्था जैसी भी हो, ये ही तो चला रहे हैं,
भ्रष्टाचारियों में इनको ना गिनो, मामूली घपला करते हैं,
इस महामारी में भी राजनेता, भ्रष्टाचारी खा गए पैसा,
जनता को अनुमान ज़रूर है, यदा कदा ख़बरें भी बनती हैं,
थोड़ा सा शोर-गुल होता है, पर सब हो जाए पहले जैसा,
बहुत मोटी चमड़ी है, शायद उबलता हुआ तेल भी बह जाए,
इनके चेहरे हर दम है चमके, घड़ियाली आँसू ये सदा बहाये,
ये वर्ग कभी नहीं बदलेगा, दुनिया इसकी है गवाह,
आम जनता की उम्मीद है, कुदरत ही अब करेगी इंसाफ,

शुक्रिया करना ना भूलना, जब सुबह सवेरे उठते हो,
चाय-काफी पीते समय भी एक शुक्रिया ज़रूर करो,
भोजन खाते समय भी किस्मत का शुक्र कर लेना,
दिन में आराम करते वक्त भी एक शुक्रिया कर लेना,
कर सको तो सांस-सांस के लिए भी शुक्रिया कर लेना,

शुक्रिया करता हूँ मैं जो लिखने के लिए ये रहमत बख्शी,
रोम-रोम कर्ज़दार है उसका, जिसने हजारों नियामत बख्शी।

****

हालात

हालात से समझौता करना मेरी मजबूरी है,
माहौल है ऐसा कि डर डर जीना ज़रूरी है,
परिजनों की फिक्र करना मेरा फ़र्ज़ है,
जो गुज़र गए है, दुःख मनाना मेरी फितरत है,
मजबूरी, फ़र्ज़, फितरत और ज़रूरत सब साथ साथ रहते है।
सब साथ साथ ही तो रहते है।

****

मंगल कामना १

महामारी से चहूँ ओर फैले अंधकार और हाहाकार से,
भगवान साईंनाथ समस्त जीवों को दिलासा देवे,
आप समस्त जड़ एवं चेतन के है बुज़ुर्ग,
अनंत कोटि ब्रह्मांडो के आप ही तो है कुतुब,
आप नहीं करेंगे, तो क्या कोई कर पायेगा, क्या कोई कर पायेगा।

आपके चरण कमलों में समर्पित।

****

मंगल कामना २

प्रार्थना करता हूँ, कि इस मकर संक्रांति के बाद दुनिया में शुभता बढ़े, और समस्त मानव जाति को, महामारी से त्रस्त, को कुछ राहत मिले। ए मेरे साईं, क़ुतुब-ए-इरशाद, ये तो आप और आपकी अंतरंग मंडली ही कर सकती है। ऐसी आशा है। कहते है उम्मीद पर जहाँ टिका है।

****

जीवन सार.........

संतोष

कामना स्वाभाविक है, उसको तू सीमा में रख ले,
संतोषी बन जा रे मानुज, संसार में सुखी हो जीले,
लाख करोड़ी तिजोरी में, फिर भी लालसा बनी रहे?
या संतोष की तू सांसे लेकर, सादगी से तू जी ले,
कलियुग की सच्चाई है, पैसा बना प्रधान शक्ति,
संघर्ष अधिक है, लगा ले दोनों शक्ति और युक्ति,
सार मैं समझा कलियुग का, कोशिश पूरी कर ले,
जो भी तुझको मिलता है, उसमें तू संतोष कर ले,
संतोष जैसा धन से अपने दिल की तिजोरी भर ले,
रे मानुज, तू मेहनत कर, संतोषी जीवन तू जी ले,
संतोषी जीवन जी ले ...

****

जागृत चेतना

जगा ले अपना ज़मीर,
बन के धीर-गंभीर, चले सफर पर राहगीर,
तोड़े भेद-भाव ज़ंजीर, फ़ैला दे प्रेम समीर,
तब समझे पराई पीड़, अंखियां बहाएँ नीर,
बन कर कर्मवीर, हो जा निष्काम दानवीर,
बन कर धर्मवीर, युद्ध कर तू महावीर,
जगा ले तू अपना ज़मीर,
बस जगा ले अपना ज़मीर......

****

विश्वास

विश्वास मानव जीवन का, एक अनदेखा आधार है,
विश्वास का बीज हृदय में सुप्त अवस्था में पड़ा है,
धीरज की खाद से यह पले-बढ़े, मजबूत पेड़ बने,

ऐसा पेड़ बने जो कर्मों की धूप में छाया प्रदान करे,
ये पेड़ पनपे, आंधी-तूफान बारिश में तेरी रक्षा करे,
कर्मों की भीषण सर्दी में, हवाओं को अवरुद्ध करे,

विश्वास किसी पर भी, भगवान, संत या फ़कीर में,
या किसी धर्म विशेष में, या किसी पंथ विशेष में,
सारी नदिया अंतत: पहुंचे शाश्वत करुणा सागर में,

विश्वास का माने ये नहीं कि,
जो चाहो हो जाए, जो चाहो वो ही मिल जाए,
कच्चा विश्वास है ये, प्रतिकूल समय में टूटे,

विश्वास का माने ये नहीं कि,
अगर कुछ बिगड़ भी जाए, भीषण दुर्घटना हो जाए,
भारी नुकसान हो जाए, कर्मों की मार पड़ती जाए,
करीबी की जान जाए, चाहे बेटा ही क्यों न हो?
दुश्मनी फन फुफकारे, या समाज में अपमान हो?
तो गुरु, इष्ट या देव, उसे अपेक्षित सुलझाए,

विश्वास का माने क्या?
रे मानव, कर्मों का फल तो सहना ही पड़ेगा,
ये संसार ही ऐसा है, क्या मालूम कब फंसे?
गुरु, इष्ट या देव, तेरी सहायता ज़रूर करेगा,
थोड़े में कर्म पूरा हो या सहनशक्ति तुझे देवे,
सुनहरा समय है, विश्वास को तू पोषित करले,

हरेक परिस्थिति में, चाहे अच्छा हो या बुरा हो,
मजबूती से विश्वास का पेड़ पकड़ लो,
मजबूती से पेड़ को पकड़ ले लो ...

****

कर्तव्य

कर्तव्य और मर्यादा, धर्म के आधार भूत भये,
त्याग के बगैर, मर्यादा में रहना संभव न भये,
त्याग के बगैर, कर्म कर्तव्य निरा आडंबर होवे,
मर्यादा संग कर्तव्य, मानव धर्म को रोशन करे,
कर्तव्य की डोर से बंधकर, बेटे का फर्ज़ निभा,
पति का फर्ज़ निभा, पिता का फर्ज़ कर अदा,
आत्म उत्थान के लिए, कुछ योग भी कर ले,
स्त्रियां भी, बेटी, पत्नी, मां का फर्ज़ निभाए,
स्त्री-पुरुष संग मिल, जीवन की गाड़ी चलाएं,
रिश्तों की मर्यादा में रहकर, फर्ज़ निभाता रहे,
त्याग ही वो सद्गुण है, जो मर्यादा में रक्खे,
कर्तव्य को पोषित कर, मानुज कर्मठ बनाए,
कैसी भी परिस्थिति हो, कर्तव्य रास्ता दिखाए,
कर्तव्य रास्ता बनाए ...

****

धीरज

जब काम व लोभ सताए, जीव अंदर से छटपटाए,
काम, लोभ न पूरा हो, क्रोध उबल-उबल के छलके,
ठहर जा, थोड़ा ठहर जा मानुज, धीरज पकड़ ले,
धीरज समस्त दुर्गुणों को शनै: शनै: है भगाए,
भीषण लड़ाई है ये, अंदर से घायल हो जाएं,
अंदर से खून रिसे, धीरज ही तेरा अस्त्र बने,
धीरज ही अस्त्र बने, धीरज ही तुम्हारा कवच,
धीरज ही औषधि है, स्वस्थ करे धीरे धीरे अंदर,
पूर्ण नियंत्रण कभी न होवे, धीरज की सांसे भर,
धीरज की सांसे भर ले ...

****

मानव जीवन

जन्में मां के आंचल में, प्रेम ही प्रेम तो पाए,
बंदर की तरह उछले कूदे, बड़ा होता जाए,
धीरे धीरे पहचाने, समझे, बुद्धि को दर्शाए,
यौवन आए, आंखों में लाखों सपने सजाए,
पढ़ाई लिखाई करके, जीवन की राह बनाए,

काम काज चालू करे, अपना परिवार बसाए,
ज़िम्मेदारियां बढ़ती जाए, कर्म की धूप तपाए,
जीवन की गर्मी में तप कर, चरित्र कुंदन बनाए,
ज़िम्मेदारी पूरी हो जब, मन शीतल हो जाए,
जैसे कर्म करे हैं अब तक, वैसा ही फल पाए,

संभल के कर्तव्य किए जो, बारिश नया बनाए,
निज स्वार्थ में जीवन जीये, सूखा ही पड़ जाए,
धूप छांव जीवन के अंग, मिश्रित फल भी पाए,
जो भी हो, जीवन की संध्या वेला में प्रवेश करे,

जीवन की शरद ऋतु में, स्वयं आकलन करे,
अकेला आया, अकेला जाऊं, आत्मसात करे,
वैराग्य भाव से जीवन जीवे, शरद पूर्णिमा भये,
मोह लोभ में फंसा रहे तो, बादल नाही छटा

****

जगा ले अपना ज़मीर

जगा ले अपना ज़मीर,
बन के धीर- गंभीर, चले सफर पर राहगीर,
तोड़े भेद- भाव ज़ंजीर, फ़ैला दे प्रेम समीर,
तब समझे पराई पीड़, अंखियां बहाएँ नीर,
बन कर कर्मवीर, हो जा निष्काम दानवीर,
बन कर धर्मवीर, युद्ध कर तू महावीर,
जगा ले तू अपना ज़मीर,
बस जगा ले अपना ज़मीर।

****

साई ज्ञान गंगा

इशोपनिषद से प्रेरित यह लघु प्रयास है,
सतचरित्र में इसी उपनिषद का वर्णन है,

जो अदृश्य होकर पूर्ण है, जो दृश्यमान होकर भी पूर्ण है,
जिससे अथाह संसार की उत्पत्ति हुई, जो फिर भी पूर्ण है,
वही साईं तत्व है।

नश्वर संसार सर्वव्यापी ईश्वर तत्व से ओत प्रोत है जो,
ये जानकर ओ पथिक, इस नश्वर संसार को त्याग दो,
त्याग कर प्रसन्न रहो, अपना पालन-पोषण कर लो,
दूसरे की स्त्री, धन, संपत्ति की लालसा मत रखो,
ये शरीर भी नश्वर है, उसकी भी आसक्ति मत रखो,

सांसारिक जीवन की इच्छा, पूर्ण आयु की कामना हो,
मर्यादा में अपना कर्तव्य करते रहो, फलेच्छा न रखो,
समस्त इच्छाएं, विचार और कर्म साईं अर्पण कर दो,
कर्म फल के बंधन से छूटने का और उपाय ना को,

संसार में जो लिप्त है, असुरी जीवन अपनाते है,
अपनो साईं को भुलाकर, अंधकार की कैद में है,
ऐसे मानव मरने के बाद, असुरी लोकों में जाते है,
कर्मफल भोगते है, साईं किरणों से विमुख रहते है,
मानव जन्म गंवाते है, मानव फिर नहीं बन पाते है,
अनंत काल तक जन्म-मरण कालचक्र में विचरते है,
अधिक कष्ट पाते हैं ...

एको एक सत् है साईं तत्व, दूजा जान लियो असत्,
साईं तत्व अचल है, मन से तेज़ है, मन से आगे है,
इंद्रियों से परे है, सदा ही अपनी पूर्णता में स्थित है,
इस जड़ चेतन नश्वर संसार से पहले है, अंत में है,
मात्र उपस्थिति से जिसकी सृष्टि में प्राण प्रवाहित है,

साईं ऊपर से चंचल, पर अंतस से गूढ़ और गंभीर है,
साईं दिल में भीतर, भीतर और भी भीतर रहते हैं,
किसी के लिए साईं दूर है, किसी के लिए पास है,
साईं कण-कण में हैं, समस्त जगती साईं में भी है,

सबको आत्म-स्वरूप, सबकी आत्मा समान देखते हैं,
अब किस से राग-द्वेष रखे? साईं राग-द्वेष रहित हैं,
समस्त जड़-चेतन में साईं एक आत्मा ही देखते हैं,
समस्त जीवों को अपनी आत्मा में समाए देखते हैं,
न साईं को कोई भ्रम है, ना साईं को कोई दुख है,

साईं तत्व पाप मुक्त है, शुद्ध श्वेत धवल है,
दृष्टा है, सर्वज्ञानी है, सर्वव्यापी है, पूर्ण है,

जो सिर्फ निर्गुण को मानते हैं, जगती को नहीं,
जो सिर्फ प्रकृति को मानते हैं, पुरुष को नहीं,
ऐसे जीव अहंकार वश, अंध गति को पाते हैं,
युगों युगों तक इसी गति में, फंसे हुए रहते हैं,
सद्गुरु साईं जैसे ही फिर उन्हें छुड़ा सकते हैं,

जो शास्त्रानुसार पूर्ण कर्म-कांड जीवन जीते हैं,
मरणोपरांत, देवयान गति को प्राप्त करते हैं,
इस कलियुग में, जिसे विरले ही पा पाते हैं,
मिले-जुले कर्म करके, चंद्रयान गति पाते हैं,
यम पाश में जकड़े, अच्छे-बुरे कर्म भोगते हैं,
जन्म-मरण चक्र ना छूटे, फंसे हुए रहते हैं,

साईं के शरणागत होकर, श्रेष्ठ गति पाते हैं,
जन्म-जन्म तक साईं, भक्त के साथ होते हैं,
जब तक भव पार न होए, साईं संग रहते हैं।

****

रंगरेज़

एक जमूरे के संग बैठा एक वृद्ध रंगरेज़,
जमूरा कई सालों से रहवे संग रंगरेज़,
जमूरा सब प्रकार से रंगरेज़ की सेवा करे,
बदले में रंगरेज़ जमूरे का पालन पोषण करे,

एक बार जमूरा पूछे, "इतने लोग यहां आते",
"तुम्हारे पांव पड़ते, सेवा करते, क्या चाहते?",

रंगरेज़ मुस्कुराया, "विस्तार से समझाता हूं",
"जो औलाद मांगते हैं, उसको पीला रंग देता हूं",
"जो सुंदर वधु मांगते हैं, उसको गुलाबी रंग देता हूं",
"जो अच्छा वर मांगती हैं, उसको लाल रंग देता हूं",
"जो धन मांगते हैं, उसको सुनहरा रंग देता हूं",
"जो यश मांगते हैं, उसको नीला रंग देता हूं",
"जो पद मांगते हैं, उसको काला रंग देता हूं"
"जो सुख मांगते हैं, उसको सतरंगी रंग देता हूं",
"जो प्रकृति चाहते हैं, इसको हरा रंग देता हूं"

जमूरा रंग के डब्बों को ध्यान से देख रहा था,
उनमें एक डब्बा, धूल से पुता सूना पड़ा था,
जमूरा, "उस डब्बे में क्या है? किसको देते हो?",
रंगरेज़ लंबी सांस छोड़, "इंतज़ार करूं बरसों",

"ये खास डब्बा है, ये रंगरेज़ का ही रंग है",
"जो यहां आकर, कुछ भी नहीं मांगता है",
"धैर्य पूर्वक, विश्वास कर के बैठा रहता है",
"जो मिलने आता है, मुझे देखता रहता है"
"कोई जल्दबाज़ी नहीं, न मिले पर शिकवा नहीं"
"सिर्फ मिलने आता है, एक टक देखता रहता है",

"उसको एक दिन, इस डब्बे का रंग लगा दूं",
"बाकी सारे रंग मिटाकर, रंगरेज़ का बना दूं"
"उसको रंगरेज़ का बना दूं"

****

गुलामी

कोई कर्मों की गुलामी करता है,
कोई मजबूरी की गुलामी करता है,
कोई इच्छाओं की गुलामी करता है,
कोई कमजोरियों की गुलामी करता है,
कोई धन दौलत की गुलामी करता है,
कोई शौहरत की गुलामी करता है,
कोई ओहदे की गुलामी करता है,
कोई प्रतिष्ठा की गुलामी करता है,
कोई शत्रुता की गुलामी करता है,
कोई ऋण की गुलामी करता है,
कोई मोह वश गुलामी करता है,
कोई जन्म-मरण की गुलामी करता है,
जब किसी की गुलामी ही करनी है,
तो साईंनाथ की गुलामी क्यों न करे?
बाकी गुलामी से आज़ादी क्यों न पाए?

****

मेरा काम

मेरा काम, बस चुप चाप बैठना ही है,
आपको याद करना है,
बाकी चीजों को छोड़ कर,
आपकी याद स्वाभाविक है,
निरंतर ज्योत जलती रहती है,
बच्चा हूं, प्रपंच के खेल में अनाड़ी हूँ,
रक्षा तो आप ही करते हो,
इस मूर्ख निष्कपट, निश्छल भक्त की,
याद ही मंदिर है, याद ही ज्योत है, याद ही धूप है,
याद ही पूजा है, याद में ही मेरे गुरुदेव हैं,

जिनके हृदय में साईं रोशनी ज्वलंत है,
और मुझ तक सिर्फ शीतलता आती है,
साईं की प्रचंडता कौन सहे, ये तो साईं लीला है,
जो चंद्रमा की तरह शीतलता फैलाते है, पोषण करते हैं,
ऐसे में सिर्फ ये याद आरूढ़ हो,
बस ये याद ही आरूढ़ हो...

****

मानवता का धर्म

चेतन, अचेतन, सब के भीतर माने जो साईं को,
मर्यादा को भूलकर भी, कभी लांघे नहीं है जो,
जागरुक रहे सदा ही जो अपने कर्तव्य करने को,
दुनियावी काम काज में त्याग भावना प्रबल हो,
कर्म फल की परवाह नहीं, ऐसा वैराग्य जहां हो,

संकटों और विपदाओं में, धीरज नहीं टूटे है जो,
अच्छा बुरा सभी कुछ श्रद्धा से अपनाए है जो,
कुछ भी जीवन में हो, शुक्रिया सदा ही करता वो,

अति प्रिय है साईंनाथ को, ऐसा भक्त जहां भी हो,
हरदम खोजत रहे हैं साईंनाथ, ऐसे ही भक्तन को,
दिल में अपना घर बना, वास करे ऐसे भक्तन में,
ज़रिया अपना बनाकर, रोशनी बरसाते दुनिया में,
जन्म जन्म तक संग रहकर, सेवा ऐसी करवाते,
कर्म फल सब जलकर भस्म हो, बेड़ा पार कराते।

****

कल की याद मत कर

कल की याद मत कर,
कल बीत चुका है, भुगतान हो गया है।

कल की चिन्ता मत कर,
कल आया नहीं है, लेन-देन कल कर देना।

आज को सुंदर बना ले,
किसी को दुख मत दे, प्यार से दिन जी लेना।

अपने साईं को याद कर ले,
जब किसी से मिले, भोजन करे,
आराम करे, कुछ भी काम करे,
परिवार में बैठे,
सब में साईं को देख लेना, सब में साईं को देख लेना।

****

फ़कीर की चाहत

नाच गरीबी में, मेरे बंदे, नाच गरीबी में,
जो तू मेरा बनना चाहवे, मेरे संग तू रहना चाहवे,
तू नाच गरीबी में,

दुनिया की चिंता न कर, दुनिया को भूल जा तू,
अपने कर्म मुझे तू दे दे, लेन-देन पूरा मैं कर दूं,
तू नाच गरीबी में,

ये जीवन इक खेल तमाशा, तू नाच जैसे नचाऊं,
प्यार की धुन बजाता हूं, गीत प्यार का गाले तू,
तू नाच गरीबी में,

तुझे गुलाम बना लूं, दोनों जहान का राजा बना दूं,
दिल में घुस डमरू बजा दूं, दिल में तेरे बस जाऊं,
तू नाच गरीबी में,

ऐसे बंदे कहां मिलत हैं? खोजत-खोजत हार गया हूं,
आओ साईं के चाहने वालो, ऐसे भी बंदे बन जाओ,
तू नाच गरीबी में,

नाच गरीबी में, मेरे बंदे, नाच गरीबी में,
जो तू मेरा बनना चाहवे, मेरे संग तू रहना चाहवे,
तू नाच गरीबी में।

****

मनीष प्रकाश जैन

साहिब की गुलामी

साहिब के मंगते बन जाओ, दुनिया में हाथ न फैलाओ,
साहिब की चाकरी कर लो, दुनिया में राजा जैसे जी लो,
साहिब के सामने झुक जाओ, दुनिया में सिर उठा कर घूमो,
साहिब का गुलाम बन जाओ, दुनिया से आज़ाद हो जाओ,
दुनिया से आज़ाद हो जाओ ...

राम कृष्ण श्री साईं

एको सगली लीला धारी, दूजा अवर ना कोए,
शिरडी साईं महिमा भारी, लीला की नित जोए,

त्रेता में श्री राम बने जो, द्वापर में बने श्री कृष्ण,
कलियुग में साईं रूप धर, शिरडी आ गए भगवन,

राम, कृष्ण और साईं को, एक ही समझे नित सोए,
पार हो जाए वो भवसागर से, संशय नहीं है कोए,
संशय नहीं है कोए।

****

स्थिति और परिस्थिति

अपनी स्थिति और परिस्थिति पर क्यों रोऊं मैं?
इसके लिए साईं से गिला शिकवा क्यों करूँ मैं?
उन्हीं की तो इच्छा है ना?

साईं फ़कीर से मैं क्यूँ मांगू? और क्या मैं मांगू?
आस्था इतनी कमजोर है? मांगने की समझ है?
जो बिन मांगे, ज़रूरत पूरी कर देता है।

जो मिलता है, जो नहीं मिलता है,
जो होता है, जो नहीं होता है,
वो ही ज़रूरी है, उसमें ही उत्थान है।

****

गरीबी में मग्न

गरीबी में मग्न हो जा रे बंदे, फकीर आबाद कर देगा,
गरीबी में मग्न हो जा रे बंदे....

पहाड़ जैसा धीरज देगा, एहसास भी न होगा,
चाहे सर्दी, गर्मी या बरसात, आंधी या तूफान,
रहे तो सदा अडिग, तुझे एहसास ही न होगा,
गरीबी में मग्न हो जा रे बंदे ....

मां में बालक जैसा विश्वास देगा, तुझे तो पता न चलेगा,
जहर दे दे या दवा दे, पकवान दे दे या रूखी सूखी दे,
सब प्यार समझ मस्त रहेगा, तुझे तो पता ही न चलेगा,
गरीबी में मग्न हो जा रे बंदे....

सेवक ऐसा बना देगा, त्याग का सवाल भी न रहेगा,
भूखे को देख खुद भूखा रहेगा, अपना खाना दे देगा,
नंगे को ठिठुरते देख अपना कंबल निकाल दे देगा,
जो मिला सेवा करेगा, त्याग का सवाल ही न रहेगा,
गरीबी में मग्न हो जारे बंदे.....

बैरागी ऐसा बना देगा, बैराग भाव को छुपा देगा,
मोह आकर्षण छूट जाए, पराए भी अपने से लगेंगे,
सबको अपना समझेगा तू, वैराग को भूल जाएगा,
गरीबी में मग्न हो जा रे बंदे....

ऐसी नज़र दे देगा कि नित अच्छाई, सुंदरता देखेगा,
बुराई में भी अच्छाई देखेगा, कुरूप भी सुंदर दिखेगा,
सदा शुक्रिया में रहना, दिल की धड़कन में बसा देगा,
गरीबी में मग्न हो जा रे बंदे....

धीरज, विश्वास, त्याग, वैराग्य व शुक्रिया में डूबा देगा,
इन गुणों से सुशोभित कर तुझको चार चांद लगा देगा,
तुझे जरिया बनाकर, जगत में अपनी खुशबू फैला देगा,
कब तुझको एक फकीर बना दे, तुझे पता नहीं चलेगा,
गरीबी में मग्न हो जा रे बंदे ...

गरीबी में मग्न हो जा रे बंदे, फकीर आबाद कर देगा,
गरीबी में मग्न हो जा रे बंदे ....

****

भाव रूपी चंद्रमा

भाव में ही राग है, भाव में ही द्वेष है,
भाव में ही आशा है, भाव में ही तृष्णा है,
भाव में ही काम है, भाव में ही क्रोध है,
भाव में ही लोभ है, भाव में ही मोह हैं,
भाव में ही मद है, भाव में ही जलन है,
भाव में ही प्यार है, भाव में ही नफरत हैं,
भाव में ही मान है, भाव में ही अपमान हैं,
भाव में ही सुख है, भाव में ही दुख हैं,
भाव में ही मित्रता है, भाव में ही शत्रुता है,
भाव में ही स्वर्ग है, भाव में ही नरक है,
भाव में ही सुगंध है, भाव में ही दुर्गंध है,
भाव में ही कुरूपता है, भाव में ही सुंदरता है,
भाव में ही मिठास है, भाव में ही कड़वाहट है,
भाव में ही विछोह है, भाव में ही मिलन है,
भाव में ही तंत्र है, भाव में ही मंत्र है,
भाव में ही धर्म है, भाव में ही अधर्म है,
भाव में ही सतकर्म है, भाव में ही कुकर्म है,
भाव में ही माता है, भाव में ही पिता है,
भाव में ही भाई है, भाव में ही बहन है,
भाव में ही परिवार है, भाव में ही समाज है,
भाव में ही भक्ति है, भाव में ही ज्ञान है,
भाव में ही धारण है, भाव में ही ध्यान है,

भाव में ही बंधन है, भाव में ही मुक्ति हैं,
भाव में ही पुनः जन्म है, भाव में ही मोक्ष है,
भाव में श्री राम है, भाव में श्री कृष्ण है,
भाव में वीर हनुमान है, भाव में नंदीश्वर है,
भाव में ही आदि है, भाव में ही अंत है,
भाव में ही अनादि है, भाव में ही अनंत है,
भाव में ही भगवती है, भाव में ही भगवान है,
भाव में ही भवकार है, भाव में ही ओंकार है,
भाव में ही प्रकृति है, भाव में ही पुरुष है,
भाव में १ से २ हुए, भाव में ही २ से ३ हुए,
भाव में ही प्रेम है, भाव में ही साईं है,
भाव में ही साईं है, भाव में ही साईं है,
सब में साईं है, साईं में सब है,
सब में ही साईं है, साईं में ही सब है।

****

कुछ मीठी स्मृतियों को संजोते ये पंक्तियाँ, मनीष जी के निकटतम रिश्तेदारों और मित्रों द्वारा लिखी गई हैं। कुछ अंग्रेज़ी में हैं। मित्रों ने जिस भाषा में अपने विचार लिखे हैं, उस भाषा के माध्यम से ही उनके भावों को व्यक्त किया गया है।

मनीष जी को लिखने का बहुत शौक था। जो कुछ भी उन्होंने लिखा, सब को वह बेहद पसंद आया।

कथा, कविता, कहानियाँ, जीवन चरित्र और आध्यात्मिक विषयों में मनीष जी लिखते रहे, अपने ढंग से और नए अंदाज में। उनका साहित्य आम आदमी के, प्रकृति के और जीवन के संघर्ष के सन्दर्भ में लिखा है जैसे " साफ़ सफाई, रिक्शा वाला, एक प्लेट, वो रविवार ,रंगरेज़, डर, अकेला या अपना, राजू मेकैनिक, नौकरानी" इत्यादि। शिरडी के संत साईबाबा का जीवन चरित्र गहरी खोज और अध्ययन से लिखा है जो बाद में प्रकाशित होगी। निसर्ग- मानव, जिंदगी-संघर्ष, धीरज- सफलता,स्नेह- इंसानियत, दया- क्रूरता जैसे विषयों पर भी लिखा। इसमें नयापन है, जीवन का नया अर्थ भी है।

मनीष जी पढाई में बहुत तेज रहे, खेलों में निपुण रहे। कड़ी मेहनत और लगन से पढ़ाई के फलस्वरूप एक सफल "कंप्युटर..आय टी ..इंजिनियर" रहे। संघर्ष के साथ देश-विदेश में अनेक कार्य क्षेत्र में सफलता से कार्य करने पर हमेशा उनकी सराहना होती रही।

मनीष जी का मित्र-परिवार बहुत बडा है। वे सभी उनकी प्रसंशा करते हैं। वे मित्रों की हर मुसीबत में मदद करते और उनका सम्मान करते। सभी रिश्तेदारों से उनका स्नेह भाव रहा। सब लोग उनका बहुत सम्मान करते थे।

मनीष जी परिवार में प्यार से, मित्रता से रहे। अपनी धर्म पत्नि श्रीमती अर्चना जी से आदर्श, मधुर और मित्रभाव से रहे ,तीन बेटों को बहुत प्यार करते और हर क्षेत्र में उनका मार्गदर्शन करते। यही चार परिवार के लोग उनकी जिंदगी रहे। हँसते, खेलते, प्यार से, मित्रता से हर पल रहे। उन्होंने तीनों सुपुत्रों को उच्च कोटि की शिक्षा दी, सभी को अपने पैरों पर खड़ा किया।

हमारी बेटी हर्षा का विवाह उनके बड़े बेटे श्री रोहित जी से 25 नवंबर 2020 को कोविड के दौरान हुआ। हर्षा में उन्हें एक बेटी नजर आती थी।

मनीष जी सरल स्वभाव के, प्रेम, करुणा, क्षमा और इंसानियत से पूर्ण एक संत थे। सबके चहेते, सभी को पसंद थे। कहतें हैं, ऐसे ही लोग भगवान को पसंद आते हैं, शायद, इसीलिए भगवान ने मनीष जी को अपने पास बुला लिया..बहुत ही जल्द, समय के पहले।

मनीष जी की कमी हर पल महसूस करेंगे, मगर उनका व्यक्तित्व और साहित्य हमें हर समय प्रेरणा देता रहेगा।

-Neelkanth Gunjikar (Rohit's Father-in-law)

मेरे प्यारे जीजाजी, पहली किताब की बधाई। मुझे याद है वो दिन जब मनीष जीजाजी हमारी ज़िंदगी में आये। वह दिन हमारे घर के लिये बड़ा हर्ष और उल्लास का दिन था जब जीजाजी ने "हाँ" कहा था मेरी बड़ी बहन अर्चना(जीजी) से शादी के लिए।

मुझे हमेशा मेरे जीजाजी पर गर्व और अभिमान रहा है। हम अपनी हर परेशानी जीजाजी के साथ बाँटा करते थे। बड़े सहनशील और धैर्य से हमारी बातें सुनते और समझाते। पापा भी जीजाजी से बहुत सी समस्याओं पर सलाह मशवरा करते थे। ज़रा भी उन्हें किसी चीज़ का अहंकार या लालच नहीं था। उन्हें समोसे और मिठाई का बहुत शौक़ था। घर में हमेशा मिठाई ज़रूर रखते थे। पर ख़ुद हमेशा नापा तुला खाते थे।

जब हम जीजी के घर चुटियों में जाते, जीजाजी के साथ बड़े मज़े करते। उनके हाथ के बने cheese sandwich और चाय आज भी याद है। बच्चों के साथ खूब मस्ती होती।

मेरे जीवन में मैंने ऐसे ईमानदार व्यक्ति नहीं देखे अब तक।उन्होंने अपना जीवन बड़ी सादगी से तय किया। उनकी उदार मानसिकता और उत्कृष्ट व्यक्तित्व का हम सभी गर्व महसूस करते हैं।उनके यह सादगी मेरी जीजी के परिवार के सभी सदस्यों में दिखती है।

मेहनत, समर्पण और जीजाजी का लेखन कौशल इस पुस्तक को अनमोल बनाते हैं। यह पुस्तक पढ़कर उनके विचारों और अद्भुत कला का आनंद लेना अविस्मरणीय होगा। जीजाजी की सफलता और लेखक के रूप में उनकी शैली पर हम सभी गर्व महसूस करते हैं। घर के सभी सदस्यों को लघु कथा – काव्य पुस्तक के उद्घाटन की बहुत बहुत शुभकामनाएँ।

-Anu, (Aruna Saxena, sister-in-law)

Manish was a wizard at chess and mathematics, no problem was too hard for him. Long ago when he was taking coaching from Aggarwal classes in 1983, after solving one of the problems given by them, he disagreed with the solution provided by them. He was right. He could run 6 km under 45 minutes, which I could never do. He was a humble human being, and I miss him. He is up there probably, playing chess with God.

-Ashish (Brother)

भाई ने अपने जीवन में हमेशा सादगी अपनाई और विचारों को उच्च रखने का प्रयास किया। दूसरों के साथ बातचीत में उनका व्यव्हार अच्छा रहता था। युवा अवस्था में थोड़ा गुस्सा आता था परन्तु काफी वर्षों से उस पर काबू किया हुआ था और उनका स्वाभाव शांत हो गया था। वह बहुत मेधावी थे और इस कारण दुनिया की उलट फेर से परेशान रहते थे। दार्शनिक विषयों में उनकी रूचि बढ़ने लगी और उनका ज्यादा समय इन सब विषयों के पढ़ने में ही निकलने लगा। हमेशा से साईं बाबा के भक्त थे और पिछले कुछ वर्षों से साई भक्ति में मग्न रहते थे। साई के वचन - श्रद्धा और सबुरी को तन और मन से अपना लिया थे। अपने परिवार से बहुत लगाव और स्नेह था, पर शायद उतना दर्शा नहीं पाते थे।

-Avnish (Brother)

A very intelligent person right from childhood....always bubbling with energy...but a little introvert than extrovert...will always love you.

-Chetan Jain (Cousins),
Rakesh Jain,
Veena Bala Jain

He was very intelligent and highly inquisitive in his childhood. One day I remember he threw newly bought cup. I told him it's ok but he told me he wanted to hear sound of the cup.

-Alli didi (Cousin)

My bonding with Manish was very unique right from his birth at Thana, Mumbai on Aug18th,1966 till date. He was most intelligent, caring, very soft spoken, computer mind, a good palmist & very good advisor on career plannings of students. He was very famous in my friends' circle at Rishikesh.

-Subhash (Nanhe Mamaji)

प्रिय मनीष को जितना जाना कम था। हर बार उनके बारे में कुछ नया ही जानने को ही मिलता था। बहुत ही सरल व्यवहार था। वे बड़े बुज़ुर्गों का हमेशा बहुत आदर और सत्कार करते थे। यद्यपि उन्होंने ऐसे प्रतिष्ठित संस्थानों से पाठयक्रम पूरा किया और बड़ी कंपनियों में काम किया, लेकिन उनमे ज़रा भी अहंकार नहीं था और बहुत ही संगठित और मध्यस्थ व्यक्तित्व वाले व्यक्ति थे। ये मेरा सौभाग्य है कि उनकी पुस्तक में उनके बारे में कुछ पंक्तियाँ लिखने का मुझे अवसर मिला।

-Jai Prakash Goel (Chachaji)

Manish ji was a very nice person, He was very polite and humble man. We missed that great man.

-Padma Aunty

मनोष जी बहुत ही सरल स्वभाव के व्यक्ति थे। पर उनका व्यतिकत्व बहुत ही गहरा था। किताबें तो जैसे उनकी परम मित्र थीं। मैं जब भी उनसे और अर्चना दीदी से मिलने जाती थी, वो हमेशा कुछ ना कुछ पढ़ते हुए मिले। उनसे किसी भी विषय पर चर्चा करो तो वो हर विषय पर खुलकर और गहरी बात किया करते थे।

वो रोज़ ही हमारे घर के सामने से घूमने के लिये निकलते थे और हमें आज भी ऐसा लगता है कि वो अभी निकलेंगे।

-Soniya Sharma

Remembering Manish (Jango) by his childhood friends from Mayo College Ajmer, class of 1977-1982 (6th to 10th Class)...

With his energetic spirit and out-of-the-box thinking, he brought a cheerful and bubbly demeanor to our boarding school days, embracing academic hurdles with enthusiasm; finding joy in its twists and turns.

Wish I had the opportunity to meet him again, before he embarked on his journey to the skies. Can well visualize him now, sharing his poems and ideas among those friends he's made yonder; gathered around a passionate 'story-teller'.

Manish, you unique & rare soul; I'll always cherish & think fondly of you, Brother dear!!

-Swarnendu Kumar Biswas

I first met Manish in 6th grade on his first day at Mayo College. He was such a saintly soul and has been ever since. He used to send many poems to me often that I had asked him to publish it in a book. He used to write to me almost daily since May 24th, 2020. Recently since Aug 14th, 2022 he became unusually quiet and I was wondering what happened. Of course, he did tell me that he had Dengue but I forgot about it thinking that he had gotten rid of it. He only mentioned it once to me and never after that.

I had looked forward to exchanging many more decades of meaningful exchanges with him. Manish leaves behind a kind, gentle and saintly legacy.

-Anil Patni (Pat)

My first meeting with Manish Jain, was in the sixth grade at Bharatpur House, main building. I met him under the staircase at the foyer. I clearly remember Manish Jain as a very shy yet friendly boy. I always had a good experience with him. Ever since I can recall Manish was always cheerful, disciplined, helpful and patient with everyone. I don't remember Manish ever getting into arguments or fights with anyone at school. Manish was friendly with everyone at school.

He was an eager participant in our discussions in school and would happily participate in our group activities and outdoor games.

Manish was in my dormitory in the 9th and 10th grades. I vividly recall our group discussions at night in our dormitory that Manish would relish and actively participate. We were familiar with Manish's opinions on many topics thanks to these nocturnal discussions.

When our Rajasthan House batch got punished by the school monitors, I remember Manish cheerfully ( ) doing the punishment drills with the rest of us.

Manish never broke any school rules unlike the rest of us and was always very helpful and obedient. He never ever got punished by the teachers like the rest of us for any mischief. Manish was the envy of his non-section (A) students. While we struggled to get average grades in various subjects, Manish would easily race through the subjects and get very high grades to our jealousy.

During his final years, Manish sent me many poems. He told me that he had Covid and I didn't think that it would bother him. Later Manish told me that he got Dengue fever and I thought that he would escape from this affliction as well. It utterly breaks my heart that he couldn't escape from this final hurdle.

Manish, I had looked forward to many decades of meaningful discussions but it was not to be. I hope you are happy, wherever you are.

- **Arvind Narasimhan (Nazu)**

The value of someone dear and close hits you hardest when they are gone. Manish's brilliance in academics, work, poetry, good nature will be better illustrated by many, and so all I can add is that he continues to live on in his children and vividly in the memories flooding among >100 batch mates at Mayo.

One measure of tribute I can submit to dear Manish is to state to my batch mates of The Class of 82, that I am grateful to destiny, time and place to have been blessed with the dearest friends forever and I truly adore you all.

Stay healthy, Live fully.

- **Sanjay Rajguru (Raj)**

Manish as I recall was an erudite, sincere, highly intelligent and game guy who participated in several activities at school. He had the soul of a poet and from what I understand from some lucky friends who were recipients of his poetry, in his adulthood he expressed this calling in wonderful stanzas. We've lost a wonderful soul but he might have said more poetically that he's here with us in spirit and guidance.

- **Suberna Shringla (Bunu)**

I found Manish's comments and posts lately very incisive with a great amount of spiritual maturity. I felt shocked and devastated to lose a batchmate.

Manish's untimely passing on is a stark reminder to all of us to meet more often and bond regularly.

All I would like to say is that we are a band of brothers and if the family ever needs any help, we will always be there for them 100 percent.

Love and hugs.

-**Jai Singh (Jai)**

Although our one-on-one interactions were (unfortunately) sporadic while in Mayo, Manish always struck me as a kind, thoughtful, introspective, and empathetic soul. He embodied the Mayo instilled "can and will do" spirit with integrity and respect for all throughout.

Manish's instant reconnection and eagerness to share his life stories, the ups and downs, is a testament to the everlasting intimate bond shared by Mayo batchmates. Manish's posts through words and poetry were thoughtful and a clear reflection of the traits he embodied while in Mayo, but just more "seasoned" after dealing with the trials and tribulations of life that we all go through. The feelings he expressed were so palpable.

Manish has left us all with a void in our hearts. However, he has also left us with cherished and loving memories, which provide some solace.

- **Paramvir Singh Madan (Jappy)**

Memories of his infectious smile comes rushing when I think of him. Love you Bro!

- **Rahul R Singh (Rassu)**

It's heart wrenching!. No age to go.

- Devkiran Deep Singh (TT)

40 years after school we realised that we had a common connection in Muzaffarnagar (my birthplace & his mama's house). Both his Mom (at Arya Kanya Pathshala) & Mama (at D.A.V College) were lecturers and taught there. Connected with him a couple of times during April '21 when my wife and I were down with Covid. We also spoke about traveling together to Muzaffarnagar whenever he was in Delhi next but sadly that was not to be.

Still can't come to terms with the fact that he's not amongst us anymore. He was truly a simpleton and down-to-earth. Will miss him dearly.

- Amit Jain (37)

My first recollections of Manish (349) are of our time spent in Jaipur House, Mayo College, when I joined school way back in the autumn of '79. He was very genial and friendly with everyone around and for a new boy in 8th, that was very comforting for me.

He was brilliant in his studies, a real genius. So much so that without any effort he would pretty much top the class. We then moved together to the senior house 'Raj House'.

I remember spending a lot of time with him playing dorm cricket and French cricket in the central court. He was a "Bindaas" guy. He left school after the Xth grade.

Alas, I have never met him after that and now sadly won't. Gone too soon!!

So long my friend...

- **Arvind Rangan (Mauri)**

Manish (Jango) as we all know he was a gem of a person and in Rajasthan House we were together.

His saintly behaviour will always be remembered.

- **Amitabh Gupta (Duk Duk)**

I remember Jango from Jaipur House when I joined Mayo in 8th grade. I think he and his younger brother both were in Jaipur house. He was a brainy one. He used to crack jokes in science or maths which were beyond me!!

Will miss him for sure. Was hoping to meet him during our next Mayo get together.

- **Niraj Sinha (Nangus)**

Manish was very bright and goal driven. He was also very focused, he knew if he wanted to get into IIT then studying in Mayo would not help him. He sat two desks away from me in some classes and he was very easy to get on and helpful. I have a very clear picture of him and his thick black hair, you would not believe it looking at his picture. Unassuming, quiet and got on with his stuff. Can't say I saw him getting into an argument with anyone but at the same time did have his views.

-**Amit Dev Mehta (585)**

There was a scientist in Jango even in school. And I'm not talking about being good in physics or chemistry. I'm talking about him having a scientific temper, a proclivity to the essence of the subject, a natural state of inquiry. One hot Ajmer afternoon, as all growing children do, he and I had a small discussion on how long it would it take for a person to take a relaxed walk around our 400-metre athletic track. The keyword was 'relaxed'.

Simple question, you would say. So, he and I walked 10 metres and multiplied it 40 times. That was enough for me. Not for Jango. So, as I sat in the pavilion, in that blistering heat, Jango took a full walk around it. He did not speed up, just sauntered all the way.

I would have lost patience in 50 metres, 100 metres. Not Jango.

He completed it, looked at his wrist watch and concluded, with the excitement of Archimedes, that it took x minutes. There was a satisfaction in his face that equalled one that he would get after solving a stubborn quadratic equation.

We met a couple of times in Delhi but after he went to IIT we lost touch. There was a 'something' that looked at a 'somewhere' in his being. Difficult to point out but it was a tangible part of his personality.

-Gautam Chikermane

I remember Manish well from school as we were in the same class for a number of years. He was kind, friendly and well-liked by all. My recollection is that he was not particularly athletic at that stage but was really determined and tenacious to play well. Manish was very intelligent and one could see that he often thought faster than he could speak. I think Manish was the perfect example of a chrysalis - he went home for the holidays in middle school as an average student (possibly because classes weren't interesting) and came back the following term at the top of the class. I've often told my kids about Manish and said that if one is really interested in something and applies themselves then they can reach another level altogether. It's really heartening to know that Manish had a good life and has a wonderful family and friends who will love and cherish him forever.

-Rajesh Prasad (RP)

Some words of solace in this journey called life and we mourn and celebrate. We have lost too many mates, but we must know that they are in a better place. Love to All

-Dr Sumant Lamba

I was Manish's dorm mate for 2 yrs. And I knew him as an average student till class 8. But there was a miraculous transformation in him after the summer break. He returned as a mathematical wizard. He enjoyed it so much that he used to solve class 12 students' difficult problems with ease. After school I had once met him at AIIMS New Delhi in 1986 when I was a part of my college group at PULSE - the annual festival of AIIMS. He was in IIT Delhi I think and I was not surprised to know it. But had very high regards for his intellect.

-Dr. Parindra Desai

मनीष प्रकाश जैन

Remembering Mota Jain (Manish), few words from IIT Delhi, Aravali Hostel Mates (1984-1988)...

We are the IIT Delhi Aravali hostel mates of Manish. We spent 4 years together with Manish in the Aravali hostel, and were in the same wing during that period. More recently, we used to get together regularly on zoom calls to share updates and discuss life interests and philosophies. We fondly remember Manish, who we affectionately referred to as "MotaJain/MP/Mots" during IIT years, here are some thoughts from our group...

-Ajay Singh,
-Dhananjai Agarwal,
-Rajesh Agarwal

We were in touch as he frequently sent Hindi poems that he prolifically wrote, over the last few months, touching the deepest aspects of spiritual life. While he seemed happily content, it appeared that deep down he was aware that time was precious and he exited professional life to focus on his health and family. He was always very enthusiastic about more frequent zoom sessions. Manish will be missed for the vibrantly unique person he was.

- Pallav Saxena

Mots and I were next door room mates. We used to play chess regularly - he always used to win! He had a real passion for everything he did whether it was playing carrom, TT, chess or a random late night debate on humanity! Was fortunate to reconnect via zoom calls recently with Mots. He did seem content and following his personal passions including poetry and spiritual reflections. Will really miss Mots for his energy, friendship and approach to life.

-Sanjay Gupta

As we returned every night to our wing in IITD's Aravali hostel from '84 to '88, the unforgettable audio & visual of our very apnaa Motaa (aka Mots) Jain triumphantly chinghaarho-ing away in his trademark loud hoarse voice in front of a chessboard or notebook in someone's room told us that all was well in our snug & tight little wing. That chhotaa "Motaa" was pure nuclear energy. The sharpest of sharp khopdis acknowledged by one and all. And the quickest of guileless guffawing laughter. Mots was a very lovable guy who loved us all back and always walked around with his arm affectionately thrown over someone's shoulder.

My unforgettable (& in retrospect extremely funny) 4th year memory with Mots: One night in the common room, Motaa Jain lagao-ed a huuuge thappad at the carrom table to another carrom addict who had aggravated Mota's unerring sense of "carrom ka kaayedaa" by touching/moving the carrom pieces. Mots ke bhaari haath ka thappad swept this scrawny fellow off the chair onto the floor. Strangely, this chap then lagaoed a COMPLAINT AGAINST ME WITH NO MENTION OF MOTS AT ALL- which then almost resulted in the strongest of disciplinary actions against me... and in reality I wasn't even in the hostel at the time of this event! Lekin bach gayaa, the confusion was soon cleared up and all was well. As the universally loved & sau-khoon-muaaf real culprit Mota Jain always said later to our peals of laughter... "Maine toh sirf thappad mara thha!"

-Asim Patel

Mots was my next room neighbour in the hostel, and a fellow computer science classmate. He was always fun-loving and energetic, was the local chess champ, and loved playing TT. I played a lot of TT, but avoided chess with him as he would always win. It was wonderful to reconnect with him through the zoom calls and get to know his spiritual and philosophical side.

- Rajiv Khemani

Manish was my first roommate in IIT, so we shared a half-wall as far back as 1984, or almost 40 years ago. He was also a great support with studies, as we were both studying Computer Science and he was the academically gifted one, understanding complex ideas implicitly when the rest of us had to spend nights with textbooks while he (often) spent the night playing chess with some of the friends here in this group. Manish is one of the gentlest souls I have known. I'm so glad that we were able to reconnect in the last few years and we got to know a little more about his family and his creative pursuits.

- **Pankaj Narayan**

Mots was a beautiful soul. We had many spiritual discussions over the last couple of years. One of his beliefs that remains with me. "It is all about acceptance and gratitude, founded on faith and patience." Will miss his friendship and enlightened insights on life.

- **Vipin Ahuja**

Manish was a special friend in Aravali, our hostel in IITD. He was one of the brightest classmates - while we would study late into the night, Manish would be ready for an exam in a couple of hours! He was big into chess, carrom and TT - was most likely our hostel champion in chess and carrom. He was friends with everyone. It was great to reconnect with Manish after a long time. We learnt about his new interests - poetry, philosophy and just enjoying retirement years with family. We all will miss him dearly.

- **Amit Sanyal**

I still can't believe that Manish is no more. Manish, lovingly we called him Mots, was my classmate and next door roommate at IITD where we had developed a very close friendship. He instantly brought energy and fun whenever he entered a room, we identified with his pure smile and laughter and his unbounded smartness. God had given him many unique gifts and he shared those generously with his friends. Before tough exams at IITD he helped me and others to get through by explaining difficult topics - though we hardly saw him studying! In recent times he was my puzzle solving buddy which was one of his many passions. It will not be possible to get over this loss. I will always be thinking of his beloved memories and his inspiring life. I miss him! Praying for his eternal peace and rest.

- **Subrata Banerjee**

I was perhaps the only one who was privileged to have known Mots both at IIT and then at IIM and in both places living in nearby rooms. One of the coolest and nicest guys I have known. Amongst many other memories of that glorious time more than 3 decades back, one that I remember vividly is that he used just one notebook over the 2 years at IIM (while so many of us were writing copious notes!!). And yet he managed to get better grades! Mots will be deeply missed.

- **Sameer Parkash**

From Manish was my close friend starting from first year in IIT. As "Mots" and "Rots" we made a good pair. I spend many evenings playing carrom with him and discussing a range of topics till late at night or going to Kishen Lal for a snack. We were CS batchmates too, and he had probably one of the most brilliant minds I have ever known. And, he was probably one of the most humble, open and friendly people in our hostel. He will be greatly missed.

- **Pankaj Rohatgi ("Rots")**

It is so hard to bear the reality that someone we spoke so recently, a person who had started pouring his feelings through his poems is no more. He was perhaps one of the kind of raw genius that you come across seldomly.

-Ashish Basil

Remembering Mots (Manish), memories by IIM Bangalore Mates (1988-1990)...

Manish is a brilliant combination of analytical and philosophical bents of mind and strongly believed in Einstein's famous saying nature's nature is such that nothing is complicated. Simple, yet profound thoughts from a noble soul and a great friend

-Dr Raghavendra Prasad (Rags)

In Loving Memory of Mots...

In the corridors of my heart, there exists a cherished space that is forever occupied by the radiant spirit of a dear friend who graced my life with brilliance, spirituality, and boundless joy. This memoir is dedicated to the extraordinary being who was known as Mots—a soul whose plain-heartedness, wisdom, and unwavering laughter continue to inspire me, even in his physical absence.

Mots was more than a friend; he was a rare gem, a brilliant mind that illuminated the world around him. His presence was like a beacon of light, drawing others in with his infectious laughter and captivating smile. His aura exuded tranquility and peace, reflecting the profound wisdom he carried within.

One of our most treasured pastimes was engaging in epic battles of chess. I will forever hold dear the countless hours spent locked in strategic warfare across the checkered board. Despite my best efforts, victory always eluded me. But it was not the outcome that mattered most—it was the joy of the game, the camaraderie we shared, and the sheer admiration I felt for Mots' ability to navigate the complexities of chess with grace and brilliance.

Our bond went beyond the realm of chess. It was in our deep spiritual discussions that I truly witnessed the depth of Mots' wisdom and the breadth of his understanding. Together, we explored the vast tapestry of life's profound questions, delving into ancient philosophies and contemplating the mysteries of existence. His insights were like precious gems, illuminating the path to enlightenment and sparking profound transformations within my own soul.

Yet, it was not merely Mots' intellectual prowess that left an indelible mark on my being. It was his character, his plain-heartedness, and his unwavering zest for life that truly inspired me. Even in the face of adversity, he radiated positivity, finding beauty in the simplest of moments. He reminded me that life is a gift to be treasured and that our purpose lies in leaving behind a positive legacy, regardless of the brevity of our time here on Earth.

As I reflect upon the memories we shared, a bittersweet melody fills my heart. Mots lived by his own philosophy, imprinting the lives of those he encountered with kindness, wisdom, and joy. His sudden departure serves as a poignant reminder that our existence in this world is transient, but it is our responsibility to make each moment count and to leave a lasting impact.

As we navigate the depths of sorrow, let us also celebrate the immense gift of his friendship. May we strive to emulate his unwavering joy, his profound spirituality, and his unwavering commitment to leaving a positive mark on the world.

-Srinivas Mahankali

Mots was an incredibly intelligent individual who shone throughout our time studying together. Despite facing various challenges in life, including major health issues, he displayed immense resilience. Mots had a calm and contented presence, bringing comfort to those around him. He possessed remarkable wisdom that touched our lives. Mots lived a fulfilling life with a loving family, finding joy in the little things, and his caring nature was always evident.

In recent years, he developed a deep passion for writing Hindi poems, using them to express emotions and capture the essence of life through beautiful verses. He would occasionally share some of these poems with me on WhatsApp. I am delighted to know that his family is making efforts to publish his poetry collection, and I eagerly await its release. The memories we shared during our MBA days and beyond will forever hold a special place in my heart.

-Raj Rathi

Mots- as I got to know him when I joined IIMB in July 1990- was a genius philosopher. His infectious laughter still rings in my ears. A pure soul. I bumped into him at Hyderabad in 2015 when I had gone to ISB and he was at Microsoft close by. Mots had undergone transformation. Intact I met a new Mots who was thinking and talking differently now. We could reconnect after 25 years and I got used to reading his Hindi poems which started landing in my WhatsApp. His conversations, his laughter and whatever he said all were a reflection of the pure soul that he was. His early departure came as a shock. But don't we know that such good souls merge with the supreme power much earlier than the normal humans like us. I'm sure your laughter must be all over the new world that you are in

-Yogendra Garg

गुफ़्तगू express का मेरा co-passenger Mots

तुम किस गाड़ी पर चढ़ गये?
प्लेटफ़ार्म पर इंतज़ार करता रहा मैं
Mots तुम किस गाड़ी पर चढ़ गये?
वर्षों का साथ हमारा, कितने ही सफ़र साथ किए,
राजनीति की बातें हो या meditation के tips लिए,
इस खिड़की से Punjab तोला तो उस खिड़की से UP देखा,
Russia-Ukraine भी चर्चे में,
US क्या, global क्या, सभी हमने discuss किए।

तुम बैठे वहाँ, मैं बैठा यहाँ,
फिर भी चर्चाओं का चलता रहा कारवाँ,
शिव से साईं, मिट्टी से आसमान,
अल्लाह के बोल या जय हनुमान,
कुछ भी तो नहीं था जो हमने बतियाया नहीं,
आम का पेड़ हो या फिर electric scooter ही सही।

उस दिन भी मैंने सोचा, दिन हुए फिर गाड़ी लें,
देश विदेश, लोक परलोक की खबरें फिर साझा करें,
मैं तो प्लेटफार्म पर खड़ा रहा दोस्त,
पर Mots, तुम किस गाड़ी पर चढ़ गये?

लंबी journey का co-passenger तो देर से मिलता है,
Tuning हो इस जैसी वह समय से बनती है,
तूने गाड़ी कोई और पकड़ ली हो चाहे,
उन सफ़रो की याद तो हम भूल ना पायेंगे,
Mots, जिस भी गाड़ी पर तू कर रहा सफ़र,
ईश्वर ख़ुद तेरा हमसफ़र है अब।
- R. Gopal Krishna

Manish and I were not in touch post IIMB, but after I moved to Hyderabad in 2011, we had met 2-3 times over a 7-year period- not a very social record!

From about 2017, we became a lot closer because of mutual fondness to solve math puzzles. Both of us found it good fun, much to the irritation of others in the IIMB batch group. So, we started sending each other the more difficult ones on private whatsapp messages. It became a weekly thing as we teased and challenged each other. We had very different styles of solving. His was the more classical way, mine a bit more intuitive. At times he would scold me for trying shortcuts and getting it wrong!

Our chats slowly extended beyond math. He was a staunch Modi and BJP supporter and I was anti. Our discussions were civilized - he would in fact beg me to see the other point of view without emotion. And I would be a naysayer and it would bug him no end.

He also started sending poems and occasionally I would say, mazaa nahin aaya because of xyz and he would promptly use the feedback to correct some lines. Never seen a writer so open to feedback.

I miss Mots a lot nowadays because the puzzles discussions have dried up and my sparring partner isn't there now. Will catch up on other side to do some more of it sometime!!

-Ramesh Viswanathan

I met Manish in 2017 after several years, in Hyderabad and found him to be a changed person from what we knew of him in college. In the hostel, he was seen as being loud and boisterous, with a brilliant mind to deserve the "brain of the batch" title. But the Manish I met in Hyderabad was mature, quiet and gentle and very spiritual. His long struggles with his health, his disconnect with the commercial world and an out-of-the-world experience where he felt he actually met Sai Baba in person, turned him into a devout Sai Bhakt - not someone to visit temples or perform rituals but a deep thinker.

He took to writing poetry spontaneously, out of a calling from his Guru perhaps, and used to share them with me as also other batch mates. These stories are of simple situations, many from personal experiences, that make one reflect on different aspects of life.

I am really happy to know that Archana, his wife, has made the effort to compile these poems into a book to celebrate his spirit; and I feel privileged to be able to write this note for the compilation.

Manish, endearingly called Mots by his IIMB friends, continues to be loved and respected by all his friends and I will always cherish my memories of time spent with him.

- Bhaskar (Bosky)

Mornings would start with the deeply contemplative verses written by Mots - drawing my own interpretation and later realising a completely orthogonal perspective. Will never know his context and his meaning, but the mornings were something to look forward to.

-Mohit Jain

Some Memories down the lane jotted down by Colleagues cum Friends of Manish...

My first memory of Manish was when he sneaked into an all hands meeting and quietly took a seat in the back. At the time, none of us knew who he was. I must say that I feel incredibly fortunate to have gotten to know him. But then, he had so much of depth that you never know how much you knew him!

He seemed unassuming on the surface, but once you had the chance to interact with him and truly get to know him, you realized there was so much more beneath the surface.

Manish was a study in contrasts. He could be very rustic and raw in conversation, yet he could also delve into profound philosophical discussions. Listening to him was an experience! He never seemed to care about his appearance or the world around him. He simply did what he believed was right and stood by his convictions.

We had a fantastic group of colleagues who hanged around together, and our lunch breaks were always filled with interesting conversations covering a wide range of topics. We shared countless "Manish Moments" – instances defined by his unique behavior and the way he expressed himself. One particular memory stands out: during a discussion about value of MBA and other business-related matters, Manish listened intently before stating, "The sole purpose of an MBA is OPM." We were all puzzled by this statement until he elaborated, saying, "OPM stands for Other People's Money. The ultimate goal is figuring out how to get money from someone else's pocket into mine. Everything else is just noise." Well, there was a loud laughter and all high-flying business strategy discussion ended right there! After all, such "profound" wisdom came from the person who had an MBA from IIM! There were so many such Manish moments which we all will cherish for the rest of our lives.

It is often said that every person is unique, but those who had the opportunity to know Manish can attest that he was truly one-of-a-kind. He possessed a uniqueness that we will never encounter again.

Looking back, I am grateful that a few of us remained in touch with Manish, even after our time together as colleagues.

While composing these words, a flood of memories rushes back to me – the lively discussions, loud laughter, friendly debates, playful teasing, and the profound conversations. It feels as though a movie is playing in my mind, and I find myself reliving those cherished experiences with Manish, a bittersweet smile on my face and moisture in my eyes.

I would like to end this with the words, which were his favorite and well, were very profound - "Be the light".

-**Mihir Rawal**

In loving memory of a dear friend,

On this book release,

Your words transcend time and space,

A legacy of inspiration and grace,

Forever cherished, your literary embrace.

-Surendra Tipparaju

It is with a heavy heart and a profound sense of loss that I write this passage for Manish's book of poems. Manish, an enigmatic figure, a dear friend, and a remarkable individual, has left an indelible mark on our lives. His departure has created a void that can never be filled, but his legacy as a poet and a philosopher will continue to inspire generations to come.

My earliest memory of Manish dates back to my first day at office. Even then, he stood out as a firebrand, fearlessly expressing his thoughts without hesitation. He possessed a rare quality to perceive things as they truly were, peeling away the layers of illusion to confront the raw essence of existence. Manish fearlessly stared into the abyss, unafraid of the truths that lay hidden within.

For me, Manish was more than just a friend; he was a robust sounding board, a pillar of intellectual discourse. We could engage in debates, throwing opinions at him that were diametrically opposed to his own, and yet he would patiently analyze them, forming structured discussions that sought to amalgamate diverse viewpoints without being easily swayed. His unwavering commitment to understanding different perspectives made him an invaluable companion on the journey of intellectual exploration.

Manish possessed the mind of a philosopher and the heart of a poet. His unique sense of beauty was marked by mathematical precision and rationality. His verses, both written and spoken, danced around logical conclusions, meticulously weaving intricate webs of colorful words that painted the canvas of his thoughts. Through his poems, he managed to capture the essence of the world, presenting it in a manner that resonated deeply with both the heart and the intellect.

As we embark on this literary voyage through Manish's poems written in Hindi, let us remember him not only as a brilliant poet but also as a cherished friend whose memory will forever be etched in our minds and hearts. May his words continue to inspire, his thoughts continue to provoke, and his spirit forever remain alive within the pages of this book.

-Sunil Mattoo

Manish was a friend, philosopher, and guide to me. His intense thoughts, his immense knowledge, and his impeccable hold on language made him the person with whom you can have hours of discussion, and you always ended up learning something new. This book, a collection of his poems, is a sneak peek into one of the best brains I have known.

-G. Nagraj

मनीष जी मेरे अच्छे मित्र ही नहीं एक बहुतअच्छे इंसान भी थे। मेरी और उनकी मित्रता दो साधकों की थी, आंतरिक दृष्टि की ओर आकर्षण और बाहरी कान्माओं की ओर विमुखता।

मैं तो रहा सनातनी और वे साईं भक्त। हमारी दृष्टि गुरु पादुकावों पर आके रुकती थी। ये कैसी विचित्र संगति थी जो मुख़त: परस्पर विरोधी भावनाएँ होने के उपरांत भी इतनी गहरी थी। हम ये जानते थे कि गुरु की पादुकाएँ एक ही परब्रह्म तत्त्व की ओर इशारा करती हैं।

कवि क्रान्त दर्शी होता है। मनीष भी वैसे ही क्रान्त दर्शी थे जो कवितावों में अपने जीवन में हुई घटनाओं का अवलोकन करते थे। एक सिद्धि प्राप्त विशुद्ध दृष्टि महान इंसान ही ऐसा कर सकता है। अपने जीवन की उन्नतिओं को अल्प मानकर सारी कामयाभियाँ अपने गुरु को समर्पित करने वाले मनीष की गुरु भक्ति अतुल्य है।

वो अपने पुत्रों से, अर्धांगिनी से कुछ नहीं चाहें सिवाय उनकी उन्नति। परमात्मा मनीष जी की आत्मा को उनकी मनोकामना पूरी करने का वर प्रदान करें।।

-नाग रवि शंकर शर्मा

Manish Sir was a man of great depth, sharp intelligence and a man of faith. He was one of those last gentlemen who embodied the true values of our ancient country like humility, politeness, modesty and someone who had to a great extent successfully eschewed ego which is our greatest enemy. I still even today deeply miss our weekly interactions which was a vast ranging discourse.

-Dheeman Chakravorty

It was the summer of 1990 and a group of youngsters ...all brilliant fresh post graduates walked into the portals of NIIT. I was one of the few to be given the onerous responsibility of training, coaching and mentoring them and thus started my relationship with the group and Manish Jain.

One of his quotable quotes - "Just because you read some physics and mathematics in IIT it does not make you a Mahapundit". He was very forceful in his arguments ...always backed by data ... making it difficult to win any arguments with him. Another one of his favorite quotes "Don't dole out pure unadulterated nonsense to me". At the same time, he was very reasonable and always amenable to logic.

I got to know him more when he was posted in the Major Accounts Division when I was heading it. He would solve the toughest business problems for customers ...would think out of the box. He was never the one to hanker for promotions or plum postings or monetary benefits. He was a karmayogi.

Many would not know that he had deep interest in astrology and would share his insights and findings with a few friends. He used to be pretty disturbed by mass consumption and destruction/ exploitation of natural resources; he was very concerned with the future of our younger generation. He was a very spiritual person and was an ardent devotee of Sai and very often would quote from his preaching. He shared many of his writings with me on various topics. I used to enjoy them. Of late he had also excelled in writing some poetry ....we are here today to get a glimpse of them.

Sometimes in the late 90s Manish decided to move to South East Asia to pursue other opportunities; I too moved out to Bangalore to take up another assignment. We reconnected again after he moved to Microsoft in Hyderabad. We had the opportunity to meet in Bangalore a couple of years back. We used to interact very regularly over the past four years. He somehow held me in high esteem as a senior, a friend, guide and philosopher ...I am not too sure whether I deserved it. Suddenly a year back he decided to desert me without any notice ..... I am yet to come to terms with it...may be a day would come when we would continue our interactions in some other planet.

-G. Vasudevan

मनीष प्रकाश जैन

प्रेम प्रेम हर कोई कहे, प्रेम न करता कोए,
रूप रंग से जो हटे, प्रेम करे नित सोए,
बूझ, बूझ, बूझ न पाए, प्रेम रहस्य कोए,
साईं जो किरपा करें, प्रेम पावे नित सोए,
साईं से तू प्रेम करे, बूझ अभुझ ये ज्ञान,
साईं छोड़ जो प्रेम करे, मोह माया अज्ञान।
जय साईं राम।
अगली पुस्तक जल्दी प्रकाशित होगी...

www.ingramcontent.com/pod-product-compliance
Lightning Source LLC
LaVergne TN
LVHW041934070526
838199LV00051BA/2790
* 9 7 8 9 3 5 8 1 9 2 9 1 9 *